AF477307

Publicaciones del Dr. Yosef B. Morán

Serie Metamorfosis del Alma: Más allá del Yo

Amberes, Bélgica

Volumen 1

El Camino Interior: Más allá del Ego

El Camino Interior – Más Allá del Ego

por Dr. José Luis Llerena Morán

Dr. YOSEF B. MORAN PUBLICATIONS

Dedicación

A mis queridos padres, Dr. Víctor Llerena Concha y Angélica Moran Ampuero, quienes no solo me brindaron el don de la vida, sino que además me inculcaron el amor por el saber y la sabiduría. **Su amor sin reservas y su vida han sido las bases en las que he edificado todo lo que soy.** Esta obra es un humilde reflejo de la profunda gratitud que les debo por su entrega.

A mi hermano Raúl, un infatigable buscador de la verdad, que se marchó muy rápido. **Tu inquietud espiritual y tu incansable búsqueda de sabiduría continúan siendo un estímulo en mi vida.** Te extraño profundamente, pero tu herencia habita en cada hoja de este libro.

A mi amada esposa, Johanna, le expreso mi agradecimiento desde el más profundo de mi ser. **Tu cariño y tu respaldo ininterrumpido han sido mi santuario en los instantes más adversos.** Sin ti, habría sido inviable este viaje de cambio personal. **Tu fortaleza y confianza me brindan la fuerza para seguir adelante.**

A nuestros hijos, Xavier, Paola y Diana, que proporcionaron a Johanna y a mí la mayor alegría que se puede vivir. **Ustedes son nuestro más preciado anhelo, y este libro también es dedicado a ustedes, con la esperanza de que hallen en él motivación para su propia travesía.**

Con un profundo agradecimiento, también dedico esta obra a tres grandes maestros que han guiado mi vida intelectual y espiritual:

Al Prof. Ir. Klaas Smit, mi tutor doctoral, cuya guía paciente me enseñó a ver el mundo a través de la teoría de sistemas y la cibernética. **Tu influencia se percibe en cada reflexión y en cada línea de este libro.**

Al gran rabino Raphael Evers, mi maestro espiritual, quien me condujo hacia las enseñanzas profundas de la Torá. **Tu sabiduría ha enriquecido mi vida personal y este libro, que refleja la luz de esas enseñanzas en un mundo moderno.**

Y al Prof. Dr. Manfred Clynes, un erudito en el estudio de las emociones. **A través de nuestras largas conversaciones, me enseñaste a ver las emociones humanas desde una perspectiva científica y artística.** La integración de tu método Sentics con la música clásica fue una experiencia transformadora, y tu amistad, aunque a la distancia, fue invaluable en este camino. **Gracias por tu apoyo y reconocimiento a mi trabajo.**

A todos les agradezco de corazón por su inestimable papel en mi vida.

A mi amigo José Luis Moral Bello, por su generosidad y perspicacia como lector beta. **Tus valiosos comentarios han enriquecido estas páginas y confirmado el propósito de esta obra.** Gracias por tu apoyo y dedicación.

Amberes, 10 de diciembre 2024

Indice

Introducción

Este libro es, en realidad, una ventana a las conversaciones que tuve con mi hermano Raúl desde 2015 hasta poco antes de su partida, conversaciones que nunca imaginé necesitar escribir para recordarlas. Surgieron mientras profundizaba en las enseñanzas de la Torá durante mi proceso de conversión al judaísmo. **Cada reflexión compartida con él fue un puente entre la sabiduría milenaria y los desafíos de nuestra vida contemporánea.**

Raúl y yo solíamos sentarnos a hablar de todo: de la vida, de nuestros sueños, de esas preguntas que te asaltan cuando menos te lo esperas. Conversábamos sobre **lo que significa estar aquí, sobre qué queremos hacer con el tiempo que tenemos** y sobre ese camino interior que cada uno iba descubriendo a su manera.

Él tenía una manera única de percibir las cosas, de hacerme reflexionar y replantearme lo que creía conocer. Mientras debatíamos pasajes de la Torá, descubríamos juntos cómo sus lecciones no solo esclarecían interrogantes antiguas, sino que también proporcionaban soluciones útiles para nuestra vida cotidiana. **Estas conversaciones cambiaron nuestra forma de comprendernos a nosotros mismos y al entorno que nos rodea.** Y hoy siento que su voz persiste en cada página, en cada pensamiento plasmado aquí.

En última instancia, este libro es mi manera de rendirle tributo, de preservar esos instantes y de mantener viva esa conversación. **Porque, de alguna forma, Raúl sigue siendo mi compañero en este recorrido, y compartir nuestras conversaciones es mi forma de agradecer su espíritu y todo lo que dejó en mí.** Este libro no es solo una recopilación de de nuestras conversaciones; es un esfuerzo por adaptar las profundas enseñanzas de la Torá para que impacten las vidas de quienes buscan propósito y sentido en el mundo actual. Cada capítulo lleva en su esencia esa mezcla de tradición y actualidad que descubrimos juntos.

Hace unos meses, me encontré de nuevo con *El Camino Interior: Más Allá del Ego*. Para ser honesto, pensé que sería otro de esos libros llenos de frases hechas y consejos que uno olvida al poco tiempo. **Pero desde el inicio quedó claro que este libro era diferente.** No intentaba dar soluciones rápidas ni respuestas sacadas de un manual. Más bien, me hizo pensar. **Me lanzó preguntas que, siendo honesto, nunca antes me había planteado.** Y no era ese tipo de lectura que te dice cómo deberías vivir tu vida, sino más bien como un amigo que, sin imponer nada, te acompaña mientras exploras tus propios pensamientos y sentimientos.

El libro busca ser una guía para conectar ideas de filosofía, psicología y espiritualidad de forma sencilla. Su intención es ayudarte a identificar esas barreras internas y encontrar maneras de gestionar las emociones con calma. **Lo**

que realmente hace especial este enfoque es la manera en que combina ciencia y espiritualidad.

Algo que me sorprendió mucho fue cómo, al final, **son los pequeños pasos los que marcan la diferencia**. No hace falta que hagas cambios gigantes de un día para otro. Basta con empezar por lo básico, esas pequeñas decisiones que, sin darte cuenta, comienzan a transformar tu vida.

Una parte que **me voló la cabeza** fue cuando hablaba del ego. Nunca había reflexionado mucho sobre ello, pero me di cuenta de que el ego está en todos los lados, interfiriendo en nuestras vidas de formas que a menudo no notamos. A veces nos hace sentir inseguros; otras, simplemente nos frena. Descubrí que muchas de las cosas que me detenían provenían de mí mismo, de ese ego que levanta barreras. **Pero al identificarlo, comencé a soltarlo**. Soltar esos hábitos fue increíblemente liberador.

Lo que realmente me cambió fue comprender que **este proceso no es solo para mí**. Al principio pensaba que el crecimiento personal era un rollo interno, algo solo para sentirme bien yo mismo. **Pero luego me di cuenta de que , al empezar a cambiar, aunque sea un poquito, las personas a mi alrededor lo perciben.** Sin darte cuenta, lo que haces por ti también impacta positivamente a los demás. Entonces me pregunté: si con pequeños cambios puedo hacer que mi entorno mejore, ¿qué más podría hacer para que todo a mi alrededor se sienta mejor?

Parte 1: El despertar interior – Comprender y transformar el yo

1 El camino hacia la libertad interior y el crecimiento personal

—Oye, Pepe, a veces siento que necesito frenar un rato y preguntarme **qué significa realmente ser libre**, ¿sabes? Pero no hablo de hacer lo que se me dé la gana sin más. Es más bien esa calma de saber que lo que decido viene desde un lugar sincero, desde lo que realmente soy.

—Uf, Raúl, te entiendo. A mí también me pasa que a veces voy como en automático, actuando sin pensar. Pero cuando logro salir de ese modo, siento como si me quitara un peso de encima. **Es como si, de pronto, todo se aclarara.**

—Justo. Me acuerdo de cuando leí *El hombre en busca de sentido*, de Viktor Frankl. ¿Te acuerdas de esa historia? Frankl decía algo tan simple pero tan poderoso: **no siempre podemos controlar lo que nos pasa, pero sí podemos decidir cómo enfrentar**lo. Para mí, ahí está la verdadera libertad.

—Es cierto. Y mira, mientras más lo pienso, más claro me queda que **cualquier cambio empieza por conocerse bien**. Si no sé qué me motiva o qué me detiene, ¿cómo voy a cambiar algo que de verdad importe? Como dice Martin Seligman, el autoconocimiento es clave. **Mientras** más me entiendo, **más puedo decidir cosas que de verdad son mías**.

—Es que crecer es eso, Pepe, un proceso constante. **No es que un día digas «ya, llegué»**. Siempre estás en movimiento. Lo curioso es que, cuando tú cambias, **todo a tu alrededor también empieza a moverse**.

—Totalmente. Y **parte de crecer es aprender a soltar**, ¿no? Ideas que ya no te sirven, hábitos que, más que ayudar, frenan; incluso relaciones que ya no suman. No es nada fácil, pero cada vez que suelto algo que ya no necesito, **siento que hago espacio para algo nuevo**.

—Fíjate que escribir me ha ayudado mucho con eso. **Poner en palabras lo que siento me da claridad**. A veces, cuando lo veo ahí escrito, en blanco y negro, es como si todo cobrara sentido.

—Sí, sí, lo entiendo. Y algo que he aprendido es **no reaccionar tan de golpe**. Nos pasa a todos, claro, pero si te das un segundo antes de responder, **sientes que tienes más control sobre lo que haces**. Ese pequeño espacio entre lo que te pasa y **cómo decides reaccionar**... eso, Raúl, es libertad.

—Tal cual, Pepe. Para mí, **la libertad no es simplemente hacer lo que quiero sin pensar en las consecuencias**. Es saber que cada decisión que tomo es mía, de verdad mía, y no porque alguien o algo más lo dictó. Cambiar nunca es fácil, pero sí es posible. **Y no hace falta**

mover montañas de golpe. A veces, con dar un paso pequeño, ya ves algo diferente. Es como cuando empezaste a meditar aquel año.

—No cambiaste todo de la noche a la mañana, **pero ese pequeño hábito abrió puertas**.

—Exacto. A veces basta con **tomarte un momento para pensar, escribir lo que sientes o, simplemente, detenerte a respirar**. Esos pequeños actos, aunque parezcan insignificantes, te ayudan a encontrar más paz y a estar más en equilibrio contigo mismo.

—Pues mira, Raúl, creo que eso es justo lo que hace falta a veces: **parar, sentir, decidir**. Y desde ahí, seguir adelante. **Sin prisa, pero con intención**.

2 El camino del crecimiento personal: el propósito central de la vida

—A veces, Raúl, sin avisar, la vida nos sorprende con desafíos que nos dejan pensando. No sé si te ha pasado, pero justo cuando creo que todo está en su sitio, surge algo que me hace detenerme. Y, aunque en el momento cuesta verlo, con el tiempo esos momentos duros también nos enseñan. **Son los que nos hacen entendernos mejor y darnos cuenta hasta dónde podemos llegar.**

»**He aprendido que los problemas son inevitables.** Pueden ser miedos internos, algo que llevamos dentro, o situaciones que nos tocan desde fuera. Lo importante, me parece, no es tanto el problema en sí, sino **cómo decidimos enfrentarlo.**

—Para mí, Pepe, cada experiencia, sea buena o mala, lleva una lección. **A veces, basta una charla con alguien o una canción que nos llega en el momento justo para ver las cosas de otro modo.**

»**Creo que la vida no se trata de esquivar problemas; se trata de encontrarles un sentido que nos haga crecer.** Enfrentar desafíos es parte del camino; eso es algo seguro. **Pero he descubierto que podemos decidir cómo verlos.** Si solo los veo como obstáculos que me alejan de la tranquilidad, la frustración me atrapa. **Pero si los veo como oportunidades, siento que esos mismos problemas me dan fuerza para seguir.**

—He comprendido que **la felicidad no reside en vivir sin dificultades.** La auténtica tranquilidad reside en aceptarlos y extraerles algo positivo. **No es tanto el obstáculo lo que nos frena, sino la energía que desperdiciamos al intentar modificar algo que simplemente forma parte de la trayectoria.** No es cuestión de escapar de las dificultades, **sino de observar qué podemos aprender.** Cada vez que me topo con algo complicado, adquiero conocimientos acerca de mí y de lo que anhelo en la vida.

»**Cada día lo observo. Cuando me topo con algo complicado, tengo dos opciones: permitir que la frustración me domine o tratar de aprender algo de ello.** Una modificación de perspectiva convierte los desafíos en posibilidades para el crecimiento.

—Nuestra obligación es evolucionar. **No podemos ejercer dominio sobre todo lo que ocurre, pero sí sobre nuestras reacciones.** Cada día, la vida nos brinda oportunidades para adquirir nuevos saberes, incluso si son escasos. **No es cuestión de ser perfectos, sino de aplicarlo de forma progresiva.** Esto también implica reconocer que a veces nos equivocamos, y eso está bien... **Cada mínimo**

empeño es relevante. Con el transcurso del tiempo, esas modificaciones se asimilan a nosotros y nos asisten en nuestra mejora.

—**Una lección que he aprendido es que la felicidad no reside en una vida sin obstáculos, sino en encontrar la motivación para enfrentarlos.** Cuando notamos que nos enfrentamos a problemas, lo que al principio parecía un problema se convierte en algo que nos ayuda a mejorar. **En última instancia, esto nos permite conocernos más profundamente y vivir con mayor serenidad.**

—**Pienso que todos recordamos algún instante en el que, tras vencer un desafío, nos encontramos más sólidos.** Son esos instantes los que nos permiten disfrutar de esos momentos. **Verdaderamente, nos revelan quiénes somos.**

3 El camino humano: equilibrio y búsqueda del crecimiento personal

—Oye, Pepe, ¿te has puesto a pensar alguna vez en **cómo carajos hacemos para equilibrar lo que necesitamos con lo que soñamos?** Porque te juro, parece fácil, pero no lo es.

—Sí, claro, me lo he preguntado muchas veces. Es esa **sensación constante de que la vida debería conectar lo que hacemos todos los días con algo más grande, algo más profundo.**

—¿Y no te pasa que a veces quieres explicar algo, pero no tienes ni idea de cómo ponerlo en palabras? **Como si lo sintieras, pero no supieras cómo sacarlo.**

—Totalmente. Es como si pasáramos la vida intentando encontrar ese equilibrio, pero siempre se nos escurre. Entre el trabajo, el descanso, las relaciones… **Y luego están esos sueños enormes que nos hacemos.**

—Sí, y ahí está el problema: **esos sueños muchas veces parecen tan lejos que sientes que no los vas a alcanzar nunca.**

—Exacto, pero, mira, **lo importante no es llegar perfecto a ellos, sino no perderlos de vista.** Son como una brújula, ¿no? **Aunque no llegues al destino, te mantienen enfocado en un rumbo.**

—Eso es. Porque **si no tienes esa brújula, ¿hacia dónde caminas?** Yo el otro día me puse a pensar en cómo funciona el ritmo de la semana…

—¿Qué con eso?

—Pues que **los días de trabajo te absorben tanto que a veces se te olvida que hay algo más en la vida.** Pero luego llega el fin de semana, ese sábado o domingo, y es como un respiro que te recuerda **qué es lo que realmente importa.**

—Sí, es como un «¡detente y piensa!» porque si no, todo **se vuelve una rutina sin sentido.**

—Exactamente, **esos descansos son necesarios para volver a conectar con uno mismo, para no perder de vista por qué estamos haciendo todo esto.** Esos días de trabajo que parecen interminables; pero luego llega el sábado o el domingo y te das cuenta de que **hay más en la vida que solo trabajar.** Esos días no son solo para descansar, **son para reconectar con lo que de verdad importa.**

—Totalmente. **Esos descansos son más que un break: son lo que le da sentido al resto de los días.** Como si el lunes tuviera más valor porque tuviste tiempo para recordar por qué estás haciendo todo esto. Y eso me lleva a otra cosa que siempre pienso: **en quién quiero ser.** Hay días en los que siento que hay un **abismo entre quien soy ahora y la persona que me gustaría ser.**

—Uf, a todos nos pasa. Pero, mira, **esa distancia no debería desanimarte, al contrario. Es lo que te empuja a intentarlo, a dar un pasito más cada día.** Si fuera fácil, no tendría gracia, ¿no crees?

—Exacto. Aunque avances lento, ya estás haciendo algo. **No se trata de llegar a la cima en un solo intento, se trata de mantener vivos esos ideales, como pequeños faros que te guían.**

—Claro, pero, ¿sabes qué? Es tan fácil conformarse cuando las cosas se complican. Decir: **«bueno, ya está bien así».**

—Sí, pero eso a la larga te deja vacío. Está bien aceptar que no puedes con todo, pero **quedarte quieto ahí… eso no.**

—Totalmente. Por eso creo que **rodearte de personas que han recorrido más camino que tú ayuda un montón.** Es como que te muestran hasta dónde puedes llegar y te inspiran a seguir avanzando. **Y, al final, lo que de verdad importa no es solo el resultado, sino el esfuerzo que pones en cada paso.** ¿No te pasa que notas cuando alguien hace algo con el corazón? Cambia todo, hasta la experiencia misma.

—Claro, como cuando crías a tus hijos. **No se trata de exigirles que sean perfectos, sino de enseñarles a**

valorar el proceso, a entender que cada pequeño avance ya es un logro. Lo importante es que intenten ser un poquito mejores que ayer; eso es lo que cuenta.

—Exacto. Pero aquí está el truco: **aceptar dónde estás, con tus limitaciones, sin dejar de aspirar a más.** Es un equilibrio delicado, porque te puedes frustrar si no lo manejas bien. **Por eso siempre digo que hay que respetar el ritmo de cada uno. Cada persona tiene su propio proceso, y eso es lo que los hace valiosos, tal como están ahora.**

—Al final, Raúl, **lo que nos levanta todos los días son esos sueños, aunque parezcan imposibles.** Son los que nos ayudan a atravesar los momentos difíciles.

4 Renovación personal: un pilar fundamental del crecimiento humano

—Oye, Raúl, ¿te has dado cuenta de que, **tarde o temprano, todos necesitamos como un "reinicio"?** Un momento en el que de verdad te paras y dices: **«a ver, ¿qué es lo que importa para mí?»**

—Claro, Pepe, pero no me hablas de **cambiar por cambiar, ¿verdad?** Es más como **reconectar con lo que te hace sentir vivo, ¿no?** Porque eso es **renovarse de verdad, no solo mejorarte por fuera.**

—Exacto, Raúl. **Es mirar hacia adentro.** Porque vivimos como en una mezcla rara: por un lado, ese caos que tenemos en la cabeza, y por el otro, las cosas simples de afuera, como los amigos, la familia, lo que nos gusta. **Ambos mundos importan.**

—Totalmente. **Reflexionar sobre lo que llevamos dentro está bien, pero, oye, también hay que disfrutar lo que tenemos alrededor.** Es ese equilibrio el que te hace sentir más completo, ¿no?

—Sí, y es que **las alegrías momentáneas están geniales, pero no son suficientes.** Al final, todos estamos buscando algo más, **algo que le dé sentido a todo.** Porque, cuando pierdes esa dirección, **te sientes como si estuvieras dando vueltas sin llegar a ningún lado.**

—Tal cual. **Tener un propósito no solo llena vacíos; también te da esa energía para enfrentarte a lo que venga.** Es como tu gasolina.

—Y, fíjate, **cuando tienes claro a dónde quieres ir, hasta los problemas cambian de significado.** Se vuelven como **escalones hacia esa versión de ti mismo que quieres construir.**

—Sí, porque **la vida está llena de cosas complicadas, pero, si las aceptas como parte del camino, terminan empujándote a mejorar.**

—¿Sabes qué, Raúl? Ahí está el punto. **Renovarse no tiene nada que ver con solo cambiar de ropa o ponerse en forma.** Es algo mucho más profundo. **Es comprometerte de verdad contigo mismo y con lo que de verdad quieres en la vida.** —Totalmente, Pepe. Pero hay algo clave en todo eso: **tienes que elegir cómo enfrentas lo que se pone difícil.** Porque no es lo mismo lidiar con un problema porque no te queda de otra, que decir: **«voy a enfrentar esto porque sé que es lo mejor para mí».**

—¿Sabes, Raúl? Ese cambio de actitud es una pasada. **Es increíble cómo algo que antes te parecía una carga insoportable se convierte en algo que decides cargar**

porque sabes que puedes. Y te digo una cosa: **cuando haces ese cambio, se nota.**

—Totalmente, Pepe. Es como si, **al decidir tomar las riendas, te dieras cuenta de que puedes recuperar el control de verdad.** Dejas de sentirte aplastado y, en lugar de eso, encuentras esa fuerza que te faltaba para seguir adelante.

—Y no es solo para las cosas grandes, ¿eh? Mira, Raúl, esto aplica también a las **cosas del día a día, ¿eh?** Esos problemitas que de repente se sienten como murallas enormes. **Puedes elegir verlos como obstáculos insuperables o como retos que, aunque cuesten, están ahí para enseñarte algo sobre ti mismo.**

—Es que, Pepe, ahí está la cosa: **todo depende de cómo decides mirarlos. Cambiar la perspectiva lo cambia todo.** Cuando te das la oportunidad de verlo desde otro ángulo, te das cuenta de que **eso que parecía imposible ya no lo es tanto.**

—Tal cual, Raúl. Y justo ahí es cuando empiezas a notar que **el camino pesa menos.** Ya no sientes que vas arrastrando problemas por todas partes; más bien parece que **vas recogiendo lecciones.** Y, oye, eso hace que **todo se sienta diferente.**

5 El proceso de la profunda transformación personal.

—A ver, esto del cambio personal… No sé tú, pero a mí me parece que es uno de esos retos que nunca dejan de aparecer. Da igual en qué etapa estés: ahí está, esperándote, desafiándote.

—Y es que no se trata solo de adaptarse o arreglar lo que llega. No, es más íntimo. Es como una auténtica oportunidad, una oportunidad para descubrir, apreciar de qué estamos fabricados y vencer nuestras propias barreras.

—Lo curioso es que, aunque a veces no lo veamos, tenemos una capacidad tremenda para renovarnos. ¿Y de dónde sacamos esas fuerzas? Ni idea. Pero aparecen cuando más las necesitas. **Lo dicen los filósofos, lo dicen los psicólogos, y también lo ves en la vida misma, especialmente en esos momentos difíciles, cuando la gente, de alguna forma, se levanta y sigue adelante.**

—Como decía Albert Bandura, el psicólogo: si creemos que tenemos influencia sobre nuestra vida, esa creencia nos da la fuerza para actuar y cambiar lo que nos rodea. De acuerdo con él, cuando realmente creemos en nuestra capacidad para realizar algo, se asemeja a que activamos un motor interno que nos proporciona la energía para afrontar cualquier desafío. **Es fascinante cómo, solo confiando en nosotros mismos, podemos modificar tanto nuestro modo de actuar como las situaciones que ocurren en nuestro entorno.**

—**Actualmente, no todos los cambios son relevantes, ¿no es así?** A veces, llevamos a cabo algunos solo para divertirnos, algo rápido que nos brinde una mejor percepción en ese momento. **Pero una auténtica transformación… Eso requiere otro tipo de dedicación.** Uno que no persigue resultados rápidos. **Es como cuando intentas cambiar un hábito solo para librarte de un problema puntual.** Sabes que, si el cambio no es profundo, en poco tiempo vuelves a lo mismo de siempre.

—**Al final, es como ponerle un parche a algo que necesita un arreglo a fondo.**

—**Visualiza que pierdes tu empleo.** Por supuesto, podrías decaer, ¿a quién no le sucedería? Sin embargo, también podrías interpretar esa circunstancia como una oportunidad, una oportunidad para reiniciar, para adquirir un conocimiento que siempre te ha fascinado o para indagar en otra profesión. **¿Qué tan frecuentemente esos instantes que parecen concluir son, en realidad, el comienzo de algo nuevo? Todo depende de tu perspectiva, ¿verdad?** Y, a menudo, esa visión es la que hace la diferencia.

—**Después está el asunto del pasado.** El modo en que el pasado afecta nuestras acciones y nuestras respuestas. **Todo lo que hemos vivido va dejando una huella que se mete en cada reacción automática, sin que ni siquiera lo notemos.** Pero lo bueno es que podemos hacer algo al respecto. **Con la atención plena, por ejemplo, se pueden ir identificando esos patrones y decidir conscientemente si queremos seguir con ellos o dejarlos atrás.**

—**Para mí, conocerse y soltar ese automático en el que tantas veces vivimos es el centro del crecimiento personal.** Nos da libertad de elegir cómo vivir.

—**¿Sabes qué también es importante?** La repetición. **Con repetir algo lo suficiente, lo conviertes en un hábito, y así funciona para casi todo.** En psicología dicen que puedes «reprogramarte» simplemente repitiendo esos nuevos comportamientos una y otra vez.

—**Tal vez suene raro, pero el cambio real no es un truco de magia; es insistencia, es perseverancia.** Es como ir desgastando una piedra de a poquito, poco a poco, hasta que cambia de forma.

—**Y aquí surge algo que me fascina: la transformación del cerebro.** En esencia, la neuroplasticidad implica que nuestro cerebro se ajuste. Cada vez que realizas algo beneficioso, fortaleces nuevas conexiones y abandonas esos antiguos patrones. **Es como si, con cada acción, no solo estuvieras transformando tu cerebro, sino también** tu propia percepción. **¿No es increíble?** Esos pequeños esfuerzos repetidos, aunque no los notes al instante, son los que logran los cambios de verdad.

—**Otra cosa que me parece poderosa es cómo la gratitud transforma tu perspectiva.** Hay días en los que todo parece fuera de control, ¿no? Esos días en los que sientes que la esperanza te abandona. **Pero ahí entra la psicología positiva: siempre hay algo bueno que puedes rescatar.** Practicar la gratitud, incluso por lo más pequeño, te devuelve esa calma. **Martin Seligman, un psicólogo reconocido, dice que enfocarte en tus fortalezas y lo positivo no solo te hace más feliz, sino también más resiliente.** Por ejemplo, llevar un diario de gratitud y escribir tres cosas buenas cada día puede parecer un detalle menor, pero en realidad te ayuda a no dejar pasar lo bueno de la vida.

—**Y luego está Nietzsche, que hablaba de la "voluntad de poder".** No se trata de controlar todo a nuestro alrededor, sino de superar los límites que nos ponemos a nosotros mismos. **Porque, al final, la auténtica transformación comienza en uno mismo.**

—**Cambiar no es algo que haces una vez y ya está.** Es un compromiso constante, una decisión que va más allá de resolver problemas momentáneos. **Es nuestra capacidad humana de progresar, de seguir adelante, incluso cuando los obstáculos parecen insuperables.**

6 El camino del crecimiento personal: una perspectiva filosófica y psicológica

—El crecimiento personal... qué tema tan interesante, ¿no, Raúl?

—Sí, Pepe, todos tenemos esa idea guardada en **algún rincón de la mente,** aunque muchas veces pareciera que la dejamos en pausa. Pero al final, de una u otra forma, **siempre estamos buscando mejorar, dar un paso más, aunque sea pequeñito.**

—Totalmente, Raúl. Lo que vamos **construyendo, lo bueno y lo no tan bueno, es lo que deja nuestra huella en el mundo.** Y esto, si lo piensas, no es nada nuevo. **Grandes pensadores han hablado de esto desde siempre,** no para darnos fórmulas mágicas, sino como un recordatorio de que, **con un poco de reflexión y fuerza de voluntad, todos podemos cambiar.**

—Porque, en verdad, Pepe, **la esencia de este camino no se basa en alcanzar la perfección, sino en esforzarse por ser un poquito mejor cada día.**

—Es tan fácil rendirse al deseo de enfocarnos en lo que nos falta, ¿verdad? **Nos pasa a todos. Sin embargo, Raúl, ¿por qué no voltear la tortilla?**

—**Al aprender a valorar lo que ya tenemos, Pepe, descubrimos una paz que no se puede conseguir en ningún otro lugar.** No se trata de ser un conformista; es solo **aprender a apreciar lo que ya está en nuestras manos.**

—**Claro, Raúl. La rutina diaria a veces nos empuja a querer siempre más,** pero muchas veces la satisfacción verdadera, la que de verdad llena, **aparece cuando nos detenemos, respiramos y vemos lo que ya alcanzamos.**

—**La humildad, Pepe, nos recuerda que, aunque hayamos logrado mucho, siempre hay algo más que podemos aprender hasta nuestro último día.**

—**Aceptar nuestras limitaciones no es fácil, Raúl; a nadie le agrada mucho reconocerlo.** Pero cuando, al fin, lo logramos, **vemos el mundo de una forma diferente.**

—**Es cierto, Pepe. La humildad, según nos enseñan tanto la filosofía como la psicología, no es más que aceptar que siempre hay algo que podemos aprender.** Nos ayuda a disfrutar más y a ver que **siempre hay alguien o algo que puede enseñarnos algo nuevo y valioso.**

—**Vivir con humildad, Raúl, nos facilita distanciarnos de esa constante necesidad de evaluarnos** por éxitos externos. En vez de enfocarnos en el triunfo o las riquezas, **podemos enfocarnos en objetivos más profundos.**

—Y esto, Pepe, **nos permite hallar sentido incluso en las vivencias más complicadas,** tal como afirmaba Viktor Frankl: **lo esencial no son los objetivos externos, sino la manera en que atribuimos significado a lo que experimentamos.**

—A veces, saber decir **«no» en el momento adecuado, Raúl, es lo que más paz nos trae.**

—**¿A quién no le ha pasado seguir un impulso y luego arrepentirse, Pepe?** La satisfacción verdadera, **la que realmente llena, aparece cuando somos fieles a lo que de verdad valoramos.**

—**Claro, Raúl. No siempre es fácil, y no pasa nada si fallamos de vez en cuando.**

—Pero, Pepe, **cuando logramos posponer una gratificación rápida por algo que nos importa de verdad, sentimos que vamos en el camino correcto.**
—Nos encontramos en una sociedad, Raúl, que nos impulsa a evaluarnos por **éxitos, bienes y "éxito".**

—Sin embargo, Pepe, como afirmaba Viktor Frankl, **el auténtico propósito de la vida no reside en esos objetivos externos, sino en la manera en que gestionamos lo que experimentamos.**

—Y cuando conseguimos darle significado a cada vivencia, Raúl, especialmente a las más dolorosas, es en ese punto donde **descubrimos lo que verdaderamente tiene importancia.**

—**La consideración hacia los demás, Pepe, es tan esencial como el aprendizaje de apreciarnos a nosotros mismos.**

—**Al aprender a sentirnos felices por los éxitos ajenos, Raúl, dejamos de percibir la vida como una competencia.** Nos enfocamos en nuestro propio camino y dejamos de compararnos, y esa paz, créeme, **no tiene comparación.**

—En definitiva, Pepe, **siempre contamos con dos alternativas: compararnos con otros o mirar hacia adentro y descubrir quiénes y cómo somos.**

—**Practicar virtudes como la gratitud, la humildad y el autocontrol, Raúl, es lo que nos permite construir una vida realmente satisfactoria.**

7 Las tres columnas de la existencia: tiempo, espacio y vida.

—**Atención, Raúl, ¿te has puesto a pensar en esas tres cosas que de alguna forma son la base de todo lo que vivimos? El tiempo, el espacio y la vida misma.**

—**Claro, Pepe. Es como si estuvieran conectadas, ¿no? Pero, ¿sabes qué? No siempre percibimos su importancia ni cómo gestionarlas.** En ocasiones lo consideramos como si fuera interminable, como si simplemente estuviera ocurriendo ahí, pero es mucho más que eso.

—**Es limitado, Raúl, y cada momento cuenta.** Hay decisiones que tomamos que dejan una huella enorme, aunque no lo veamos en el momento. Por eso vale la pena parar un poco y pensar en cómo lo estamos usando. **No es organizarse como loco, sino aprender a darle valor a cada instante, vivir con conciencia.** Porque, ¿comprendes lo que digo? **Cuando lo percibes de verdad, incluso lo más básico puede cambiar tu vida.**

—**Sí, estás en la línea adecuada. Pero no es solo el instante actual, Pepe. Además, el espacio es vital. ¿Has** notado cómo tu estado emocional cambia dependiendo del sitio en el que te halles? **No es lo mismo un sitio desordenado y caótico que uno ordenado y cómodo.**

—**Cierto, Raúl. Los lugares que recorrimos tienen más impacto en nuestro bienestar de lo que creemos.** Nuestra serenidad mental, nuestra capacidad de concentración… **Todo esto está relacionado con el ambiente que nos rodea.** No es necesario volverse un obsesivo del orden, pero **tener un entorno acogedor puede cambiar tu experiencia diaria.** Incluso algo tan básico como asignar un lugar para relajarse o trabajar puede ayudar a encontrar un poco de armonía.

—**Luego está la propia existencia, Pepe. Algo tan claro que olvidamos tan pronto.** Vivir, pero de forma auténtica, es mucho más que permanecer en modo automático. **Es valorar el momento presente, apreciar a los individuos que nos rodean y tratar a los demás con dignidad.**

—**Exacto. No se trata solo de cuidarte o de pasar los días. Es vivir con intención, Raúl.** Cada persona que encontramos, cada momento que tenemos… **todos cuentan.**

—**Es como si el tiempo, el espacio y la vida fueran un trío inseparable, ¿no?** La forma en que manejamos cada uno dice mucho de cómo nos valoramos a nosotros mismos. **Si cuidamos el tiempo, hacemos de nuestros espacios algo especial y respetamos la vida, todo tiene más sentido. Es como si todo encajara.**

—**Así es. Y mira, no es necesario implementar transformaciones grandes para avanzar en estas áreas.** Son los detalles mínimos los que verdaderamente hacen la distinción.

—**Es como meditar un momento cada día, ¿verdad? Pepe, no necesita complicarse.** Solo considerar cómo empleamos nuestro tiempo, nuestras emociones en los sitios donde nos encontramos y cuánto apreciamos nuestras relaciones.

—**O proteger los lugares donde dedicamos nuestro tiempo, Raúl.** Crear ambientes agradables; rodearnos de individuos que valoren esos ambientes compartidos. **Esto produce una energía positiva que contribuye a tu mejora.**

—**Y nosotros mismos, Pepe.** Todo lo que realizamos, desde la forma en que comemos hasta la forma en que descansamos, refleja cuánto apreciamos la vida. **Es en esos pormenores donde demostramos respeto, no únicamente hacia nosotros mismos, sino hacia los demás.**

—**En última instancia, Raúl, la importancia de preservar el tiempo, el espacio y la vida no solo se debe a una mejor estructuración.** Es un modo de percibir el mundo, de identificar que todo posee su importancia y que, al valorarlo, **nos damos cuenta de que nos brinda más libertad y responsabilidad.** Como decía Viktor Frankl, incluso en los momentos más difíciles podemos encontrar sentido si sabemos enfocarnos en lo esencial.

—Eso es, Pepe. Respetar estas tres cosas no es algo que hacemos de vez en cuando; es un estilo de vida. Nos permite tener una mayor presencia y vivir con un mayor propósito. **Y en un mundo en el que es tan sencillo perder de vista la importancia de cada día, proteger estas cosas nos hace recordar lo esencial que es evolucionar y gozar del camino.**

8 El poder de la percepción: cómo las emociones moldean nuestra visión de la realidad

—Es curioso cómo funciona la percepción. No es solo que «vemos» el mundo con los ojos; en realidad, todo lo que sentimos, lo que queremos y lo que nos asusta influye en cómo interpretamos lo que pasa a nuestro alrededor. **En ocasiones pensamos que percibimos la realidad tal como es, como si fuera algo imparcial, pero la realidad es que lo que percibimos está repleto de nuestros propios anhelos, temores, incertidumbres e incluso complejos, que lo alteran sin que nos percatemos.**

—Es como si cada uno de nosotros usara unas gafas exclusivas, diseñadas con los cristales de nuestras emociones y convicciones. Por lo tanto, acabamos percibiendo el mundo de nuestra forma, sin que nos demos cuenta de cuánto y de qué manera lo que portamos dentro afecta todo lo que pensamos ver «afuera».

—El sentido de la percepción visual es el que más utilizamos para valorar lo que sucede. Nos brinda una visión inmediata de lo que está ocurriendo. No obstante, **la realidad es que lo que percibimos es solo una pequeña porción de todo lo que está sucediendo.**

—**Nuestra mente, en su intento de completar la imagen, llena las lagunas con conceptos y convicciones previas, que pueden no ser acertadas.** Este procedimiento está vinculado con el «sesgo de confirmación», esa inclinación tan humana que nos lleva a buscar, aceptar y recordar únicamente la información que confirma nuestras creencias. **Esto puede hacernos caer en el error de asumir que lo que observamos es la realidad absoluta.**

—**¿Te has dado cuenta de cómo nuestros sentimientos a veces nos juegan una mala pasada?** —continuó—. **Cuando nos encontramos nerviosos, tristes o simplemente agobiados, lo que observamos puede parecer totalmente distinto.** Es como si, de pronto, algo imparcial o trivial se transformara en un inconveniente, o incluso en una amenaza. **Nuestra mente es tan poderosa.**

—**Y es que cuando las emociones están al mando, nuestra manera de interpretar lo que tenemos delante cambia, ¡y de qué manera!** Todo puede parecer más oscuro o más complicado de lo que en realidad es.

—**Nuestro cerebro posee esa peculiar habilidad para hacernos percibir que todo está controlado, como si nada nos hubiera podido escapar.** Sin embargo, la realidad es muy diferente: **a pesar de que procesa información a**

una velocidad asombrosa, también nos pone en peligro más de lo que pensamos. En realidad, solo podemos percibir una porción de lo que sucede en nuestro entorno, a pesar de que poseamos la ilusión de percibir todo.

—**Y para rematar, aquello en lo que decidimos fijarnos cambia completamente según cómo nos sentimos en ese momento.** Actuamos como si tuviéramos toda la historia frente a nosotros, cuando en realidad apenas conocemos unas cuantas líneas.

—**Aquí entra otro factor clave: el sesgo.** Por ejemplo, si solemos ser pesimistas, cualquier circunstancia puede resultarnos negativa o amenazante, aunque para otro individuo esa misma circunstancia sea totalmente ordinaria.

—**Se afirma que poseemos un fenómeno conocido como "sesgo de negatividad", y es esto lo que provoca que nos concentremos más en los aspectos negativos que en los positivos.** ¿Te ha pasado? —preguntó, mirando con atención—. **Te quedas dándole vueltas a una crítica o a un mal momento, mientras lo positivo pasa desapercibido. Es como si, sin darnos cuenta, el cerebro fuera un imán para lo negativo.**

—**No es sencillo identificar este sesgo, pero si no lo hacemos, corremos el riesgo de ver la vida a través de un filtro oscuro y pesimista.** La buena noticia es que, si somos conscientes de estos prejuicios, nuestras emociones dejan de tener tanto poder sobre lo que pensamos o sentimos. **En el fondo, ser un poco autocríticos y observarnos nos ayuda a ver las cosas con más balance.**

—**Identificar nuestra esencia, nuestras emociones y nuestras respuestas es similar a contar con una brújula que nos asiste en la dirección correcta.** Al comprender cómo nuestras emociones influyen en lo que observamos y experimentamos, podemos comenzar a tomar decisiones de manera más serena, sin dejar de lado nuestros impulsos. **Claro, esto no es algo que se logra de la noche a la mañana, pero poco a poco se convierte en un recurso invaluable.**

—**Un concepto clave aquí es la metacognición.** Suena complicado, pero no es más que aprender a observar nuestros propios pensamientos. **Es similar a un ejercicio de autobservación: reconocer cuándo estamos respondiendo de cierto modo debido a una creencia o a una intensa emoción.** Esto nos permite observar desde una perspectiva diferente y, gradualmente, nos aproximamos a una interpretación más realista de la situación.

—**Ver las cosas con claridad no es fácil.** Al final, nuestras emociones, deseos y miedos siempre se cuelan en nuestra mirada, dando forma a cómo interpretamos lo que sucede. **El verdadero reto es poder identificar esos filtros emocionales y aprender a mirarlos con un poco de distancia, como quien observa desde afuera.**

—Hacer el esfuerzo de observarnos y reflexionar nos ayuda a entender el mundo de una manera más justa, y también a vivir de una forma más auténtica. Al entender que nuestras emociones afectan lo que observamos, podemos retroceder, observar las circunstancias con más serenidad y tomar decisiones que verdaderamente nos beneficien.

—La reflexión diaria no solo nos ayuda a corregir estas distorsiones, sino que también nos permite desarrollar una vida más equilibrada, enfocándonos en lo que realmente importa.

9 Intención y autocontrol en el camino hacia la autorrealización

—¿Puedes creerlo, Pepe? Cambiar lo que uno siente y lo que quiere no es nada fácil, ¿verdad? Requiere ganas, constancia y un par de paradas para pensar. Muchas veces, ni nos damos cuenta y estamos reaccionando en automático, como por inercia. Pero aprender a frenar un segundo y decidir cómo queremos responder, en serio, es de los retos más grandes que tenemos.

—Totalmente, Raúl. Y autocontrol no significa dejar de sentir, ¿eh? Es más bien aprender a manejar lo que llevamos dentro. No es reprimirnos, es tomar todo ese revoltijo de emociones y darle dirección. Encauzarlo hacia algo que nos haga mejores, ¿no crees?

—Claro. Mira, muchas veces el mayor obstáculo para cambiar somos nosotros mismos. El ego, hermano, el ego. Nos ponemos a hacer cosas solo para que nos reconozcan, para escuchar un «¡qué bien lo hiciste!». Pero, ¿sabes qué? Cuando empiezas a actuar desde la honestidad, sin esperar palmaditas en la espalda, algo cambia. Esa necesidad de aprobación se desvanece y ya no necesitas aplausos. Lo que importa es el impacto que dejas, lo que construyes, no cuánto ruido haces.

—Sí, **cuando dejas de buscar reconocimiento, la forma de dar también cambia, Raúl.** Ya no es algo superficial, como por cumplir. **Es algo que nace de dentro, de verdad. Una generosidad que transforma, no solo a los demás, sino a ti también.**

—**Exacto, Pepe. Dar así, sin ego, es como ganar una batalla interna.** Dejas lo que tú quieres en el momento y te enfocas en algo más grande, algo que tiene verdadero sentido.

—**Y fíjate, en todas las culturas, siempre han intentado balancear lo que quiere cada persona con lo que necesita la comunidad.** Es importante pensar en los demás, ser un poquito altruistas. **Porque, al final, cuando cuidas tus relaciones, también estás construyendo algo más justo para todos.**

—**Claro, y eso no solo ayuda a los demás, también nos mejora a nosotros.** Te da sentido. **Ya no se trata solo de «yo, yo, yo».** Empiezas a mirar más allá, a conectar con algo más profundo.

—**Y hablando de relaciones, Raúl, el respeto es clave.** Tratar bien a la gente, preocuparte sinceramente por el otro, eso es lo que construye la verdadera amistad. **No se trata solo de estar ahí por cumplir, sino de que te importe de verdad. De que salga de ti.**

—**Tal cual, Pepe. La empatía y la amabilidad, en cualquier ámbito (ya sea personal o laboral), hacen que

dejes atrás los malos rollos. Poco a poco, construyes relaciones auténticas, esas que realmente valen.

—**Y vivir con generosidad, Raúl, sin esperar nada a cambio, es otra cosa.** No es acumular cosas lo que nos hace felices. **Es poder ayudar a otros. Eso nos transforma y nos hace crecer.**

—**Eso, Pepe, eso es lo que nos da propósito. Saber que hiciste algo bueno sin esperar nada de vuelta.** Es una satisfacción que no se compara con nada. **Y mira, en la unidad está la fuerza. Cuando las personas comparten valores y objetivos, es ahí donde surge la verdadera conexión. Si cada uno va por su lado, no hay empatía, no hay avance.**

—**Sí, la unidad nos hace fuertes. Cuando es por el bien común, cuando no hay agendas ocultas, todo el mundo crece.** Así es como construimos algo que vale la pena.

—**Y sobre liderazgo, Pepe... liderar no es mandar, ni mucho menos.** Es entender a los demás, saber lo que necesitan, pero hacerlo desde el respeto. **Un buen líder no se siente más que nadie.**

—**Es cierto, Raúl. El líder que lidera con empatía es el que realmente deja huella.** No pisa a nadie, no impone. **Sabe guiar con la cabeza y el corazón.**

—**Y también, aceptar. Entender las emociones de los demás sin juzgar.** Porque cuando ignoramos las emociones, esas mismas se convierten en barreras que nos frenan. **¿No lo crees?**

—**Claro, Raúl. Un buen líder debe tener un equilibrio interno, saber manejar lo que siente y guiar a los demás desde ese balance.** Esa es la verdadera fortaleza. **Y cuando lideras desde la empatía, sin hacer sentir menos a nadie, fortaleces el respeto. Es un ganar-ganar para todos. Nadie pierde, todos crecen.**

—**Mira, Pepe, para lograr un cambio de verdad, un cambio profundo, hacen falta tres cosas: intención, empatía y autocontrol.** Es dejar los deseos egoístas y pensar un poco más en los demás.

—**Y cuando decides ser generoso, reflexionar y mirar hacia dentro, es ahí cuando empiezas a descubrir lo que realmente puedes dar.** Y no solo eso, Raúl. **Contribuyes a una sociedad más justa y compasiva. Esa es la clave, Raúl.**

10 Motivación, placer y satisfacción: las fuerzas impulsoras de la acción humana

—**¿Sabes qué, Raúl? ¿Te has fijado en cómo la motivación, el placer y la satisfacción son las cosas que nos empujan a levantarnos cada día?** Desde que abrimos los ojos, esas tres son como el motorcito, ¿no? **Pero la gran pregunta es: ¿qué tipo de placer es el que realmente nos mantiene en el camino? ¿Cómo hacemos para que la tentación de lo inmediato no nos saque de lo que realmente importa?**

—**Tienes toda la razón, Pepe. La motivación está muy pegada al placer.** Cada día te despiertas con esa esperanza de lograr algo, de alcanzar una meta, aunque sea pequeña. **Es como un combustible. Pero, ojo, no todos los placeres juegan igual.** El placer inmediato, ese que te llama con «¡hazlo ahora!», rara vez es suficiente para sostenerte en el tiempo. **La verdadera satisfacción viene de las cosas que te hacen crecer, las que te cuestan esfuerzo.**

—**Exacto, y eso lo tienen clarísimo los psicólogos.** Mira, el placer rápido tiene que ver con esa gratificación inmediata, como cuando te compras algo que no necesitas o ves algo en la tele solo por pasar el rato. **Claro, te alivia un momento, pero si no pones un freno, puede alejarte de lo que realmente quieres.**

—**Es que crecer no es un sprint, Pepe; es más como una carrera larga.** Logras algo, te sientes bien; eso te da fuerza para seguir. **Pero, ¿qué pasa si no encuentras satisfacción en lo que haces o nadie te reconoce el esfuerzo?** Pues se te va apagando la motivación, y sin motivación no hay crecimiento.

—**Y no hablemos de la crítica destructiva, Raúl. Esa que no perdona, ni con otros ni con uno mismo. ¡Qué daño hace!** Si te pasas criticándote, o si alguien más lo hace, es como echarles agua fría a tus ganas de avanzar. **En cambio, cuando alguien valora lo que haces, aunque sea un pasito pequeño, eso te llena de energía para seguir.**

—**Hoy día todo está diseñado para que caigamos en el placer rápido.** Es la era de lo inmediato: comida rápida, entretenimiento al toque, compras con un clic. **Pero eso nos puede hacer perder de vista logros que realmente valen la pena, los que se construyen con tiempo y dedicación.**

—**Tal cual. Porque crecer de verdad, ya sea como persona, en tu trabajo o espiritualmente, lleva su tiempo.** No hay atajos, Raúl. **Ese tipo de placer más profundo, el que de verdad te llena, cuesta más, pero también dura**

más. Es como decía la abuela: «lo bueno se cocina a fuego lento». **¿Te acuerdas de Viktor Frankl y Sartre?** Frankl decía que lo que le da valor a la vida es el propósito en lo que haces, sobre todo cuando las cosas están difíciles. **Y Sartre, pues él insistía en que somos libres de elegir, pero con esa libertad viene la responsabilidad de darle sentido a lo que hacemos.**

—**Claro, Pepe. Cuando te enfocas solo en lo superficial, corres el riesgo de perder lo que realmente importa.** Es como llenar un jarrón con agua agujereada: parece lleno, pero no dura nada. **Esa búsqueda constante de lo inmediato puede dejarnos con las manos vacías, en vez de con algo que tenga sentido.** Y aquí entra algo clave: la autocrítica. **Si te machacas todo el tiempo por lo que no lograste, sin darte crédito por los avances, por pequeños que sean, terminas desmotivado.** Pero si te das permiso para reconocer esos pasos, sientes que vale la pena seguir.

—**Es como decía Nietzsche o incluso Frankl. Hay que mirar más allá de nuestros deseos del momento y comprometernos con algo más grande.** Y mira, Raúl, la ciencia está de nuestro lado: **el cerebro puede cambiar gracias a la neuroplasticidad.** Si repetimos cosas buenas para nosotros, poco a poco vamos construyendo una versión mejorada de nosotros mismos.

—**Para que ese cambio sea real, no basta con querer.** Hace falta enfocarte en la satisfacción, no en la crítica. **Porque la gente crece mejor cuando siente que su**

esfuerzo vale. No solo en lo personal, sino en nuestras relaciones también. Valorar los pequeños logros, tuyos y de otros, es como un círculo virtuoso: **ganas motivación, refuerzas vínculos y sigues creciendo.**

—**Es que el crecimiento personal, Raúl, está en encontrar ese equilibrio: disfrutar de los pequeños placeres, pero sin olvidarte de tus metas grandes, las que realmente importan.** No es fácil, claro que no. **Requiere constancia, práctica y muchas ganas de mejorar día a día.**

—**Exacto, Pepe. Porque la verdadera transformación, tanto en nosotros como en lo que construimos como sociedad, llega cuando sabemos disfrutar el presente sin soltar nuestros objetivos grandes.** Al final, lo que de verdad nos nutre es el esfuerzo que ponemos y esa satisfacción profunda de saber que vamos avanzando hacia una vida con propósito.

11 El arte de las discusiones: cómo evitar el conflicto y fomentar el entendimiento

—Mira, Raúl, esto de las discusiones… no hay escapatoria, forman parte de la vida misma. Nos toca a todos: en la chamba, en casa, con los amigos, donde sea. **Tarde o temprano, nos encontramos en medio de un lío que hay que resolver; no hay de otra**. Pero no todas las discusiones pesan lo mismo ni nos llevan al mismo lado, ¿me sigues?

—Sí, Pepe, claro que te sigo. **Algunas discusiones, aunque empiezan medio tensas y nos hacen fruncir el ceño, terminan siendo buenas**. Son de esas que te sacuden un poco, te abren los ojos. **Te hacen ver cosas que, la verdad, ni te habías planteado**. Incluso a veces te llevan a ideas frescas o soluciones que nunca hubieras visto solo.

—Pero también están las otras, Raúl. Esas que vienen cargadas de pura mala vibra, de ego. Esas no ayudan, no acercan. **Más bien, te alejan y crean fricciones, como si cada palabra fuera un ladrillo más en un muro que separa**.

—Ahí está la clave, Pepe. Las discusiones que realmente valen son las que los dos entran con la intención genuina de entender al otro. **Sin embargo, cuando uno entra con la intención de ganar o imponer su punto de vista, ¡entonces sí estamos fritos!** Todo se intensifica, como si te encontrases enredado en un círculo sin escape.

—Exacto, Raúl. Y mira, toda discusión lleva un trasfondo emocional, ¿no? **Lo importante es el «porqué» detrás de cada charla o pleito.** Si uno discute para encontrar una verdad o una solución juntos, vamos bien. Pero si lo que quieres es reafirmar que tienes razón, solo por puro ego, la cosa cambia. **Y mucho.**

—Eso tiene nombre, Pepe: el famoso sesgo cognitivo. Ese que nos impulsa a mantener lo que ya creemos, sin prestar auténtica atención al otro. **Cuando el ego domina, cada argumentación del otro se percibe como un ataque individual, no como una oportunidad para adquirir nuevos conocimientos.**

—Por supuesto, Raúl. Y eso solo conduce a un diálogo cerrado, en el que lo que podría haber sido una conversación enriquecedora acaba convirtiéndose en un conflicto que deteriora la relación. **Sin embargo, cuando los debates son constructivos, el clima se transforma.** Nadie está presente para imponer nada; es cuestión de cooperar, de aportar ideas. Es como si, en vez de competir, se tratara de construir juntos algo más claro.

—Y para eso, Pepe, hay que escuchar de verdad. **La famosa escucha activa**, que no es solo asentir con la cabeza, sino dejar que el otro hable, pensar en lo que dice. Incluso cuestionarte tus propias ideas y aceptar que, oye, puede que estés equivocado.

—Esa modestia, Raúl. **Tener la mente abierta para gestionar nuestras emociones y establecer una mejor conexión con el otro.** Sin embargo, no nos engañemos, a menudo lo que provoca una discusión son los intereses individuales. Si uno entra buscando reconocimiento, aprobación o simplemente validar lo que ya cree, pues la conversación pierde valor. **Orgullo, vanidad… todas esas emociones nublan el juicio.**

—Sí, Pepe, y cuando el ego toma el control, cualquier cosa que no encaje con nuestra versión de la realidad se siente como una amenaza. **No se razona, se rechaza, así sin más.** Y esto pasa en todos lados: relaciones de pareja, juntas de trabajo, donde sea. **Las discusiones movidas por el ego rara vez terminan bien; casi siempre acaban en conflictos más grandes.**

—Ahí está el truco, Raúl. Saber cuándo las emociones están mandando. **Como dice Daniel Goleman, el de la inteligencia emocional: cuando estás a punto de reventar, lo mejor es frenar.** Pararte un segundo antes de soltar cualquier cosa y darte tiempo para pensar con claridad.

—Y la paciencia, Pepe. **La paciencia es oro aquí.** Escuchar sin prisa, sin estar pensando ya en lo que vas a responder, te permite captar realmente lo que el otro quiere decir. Muchas veces, lo que parece un pleito simple tiene algo más profundo detrás, como un miedo o una inseguridad. **Entender eso nos ayuda a resolver de raíz, no solo a pasar por encima del problema**.

—Es que, Raúl, las discusiones pueden ser trampas que nos llevan al conflicto o pueden ser oportunidades para crecer y fortalecer nuestras relaciones. **Todo depende de cómo las abordemos**. El verdadero arte está en manejar nuestras emociones y entender qué mueve cada palabra que decimos.

—Al final, Pepe, lo importante es escuchar más allá de las palabras. **Conectar con lo que el otro realmente siente**. Así, las discusiones se transforman en espacios de respeto y colaboración. **Avanzamos juntos hacia un mejor entendimiento; sanamos diferencias en lugar de crear más**.

—Porque, Raúl, al final no se trata de ver quién gana, sino de construir un puente hacia un entendimiento común. **Un espacio donde ambos se sientan escuchados, respetados y comprendidos**. Y es ahí, hermano, donde encontramos soluciones y podemos avanzar hacia una convivencia más armoniosa.

Parte 2: Más allá del ego – Ética, relaciones y responsabilidad

12 El arte del equilibrio: cómo priorizar lo que realmente importa

—La vida es un malabar constante, ¿no? Todos los días estamos eligiendo entre una cosa y otra. **Y esas decisiones, aunque parezcan simples, terminan siendo las que nos moldean.**

—Tal cual, Pepe. Y lo más curioso es que a menudo estamos priorizando entre lo urgente y lo que realmente importa, pero sin darnos cuenta. **Es como si nos atrapara el ritmo del día a día y se nos escapara lo que de verdad vale.**

—Sí, hermano. Nos metemos en la cabeza que tenemos que resolverlo todo, y ahí empezamos a sacrificar cosas que realmente nos llenan. **¿Te acuerdas cuántas veces hemos dicho: "trabajo duro por mi familia"?** Pero, al final del día, ni tiempo queda para compartir con ellos. **Llegamos tan agotados que apenas podemos reconocernos frente a ellos. ¡Ahí ya estamos desequilibrando la balanza!**

—Esa balanza, Pepe, es de lo más delicada. Mira, una cosa es tener valores como la responsabilidad o la empatía, pero otra, muy distinta, es saber cuándo poner uno por encima del otro. **Sin darnos cuenta, el trabajo y el**

dinero nos jalan. **Nos hacen olvidar el porqué empezamos a trabajar en primer lugar.**

—**Y ahí está el detalle, Raúl.** Vivimos diciéndonos que estamos haciendo lo correcto, que "esto es lo que toca". Pero, ¿sabes qué? **Si lo piensas bien, siempre hay tiempo para el trabajo.** Lo que no siempre hay es tiempo para uno mismo. Para los amigos, para los hijos. **Es como si perdiéramos la brújula, y ya no supiéramos distinguir entre lo que queremos y lo que necesitamos.**

—**Es que cuando todo entra en conflicto, hermano, toca preguntarse: ¿estamos sacrificando lo esencial por lo urgente?** Mira ese ejemplo tan típico de los padres que trabajan hasta tarde para "darles lo mejor a sus hijos", pero al final apenas los ven. **Ahí, Pepe, es cuando se nos escapa lo más importante.**

—**A veces nos obsesionamos tanto con un ideal que terminamos perdiéndonos.** Nos llenamos de necedad, sin detenernos a pensar en los costos. **Y ojo, Raúl, hasta las mejores causas tienen límites.** No todo vale cualquier sacrificio. **La verdadera sabiduría está en saber cuándo ceder, cuándo insistir, y cuándo dar un paso atrás para reflexionar.**

—**Claro, Pepe.** Pero esto no solo tiene que ver con decisiones diarias. **También hay que tomarse en serio el crecimiento personal.** Porque si no, nos vamos achicando, hermano. **Vivimos en una sociedad que solo valora lo económico, y ahí olvidamos que lo emocional y lo psicológico son los que realmente nos dan paz.

—**Es que, para ser plenos, hay que invertir en uno mismo, Raúl.** No se puede andar por la vida sin espacio para reflexionar y crecer. **Mira, el bienestar emocional es tan esencial como el pan de cada día.** Si lo dejamos de lado, estamos vendiendo nuestro futuro por monedas.

—**Y ahí está el meollo, Pepe.** Una vida equilibrada no es fácil, pero es la única que vale la pena. **Todos los días, nuestros valores entran en juego, y ahí es cuando toca medir bien las prioridades.** No basta con tener buenos valores; hay que aprender a ponerlos en su lugar.

—**Exacto.** La ética, hermano, no es solo una teoría para adornar ideas. **Es una herramienta para entender las consecuencias de nuestras decisiones.** Porque cada cosa tiene su costo. En el trabajo, en la familia, en los ideales. **Todo requiere prudencia.** Nuestras decisiones no deberían terminar haciendo más daño que bien.

—**Es como dices, Pepe.** Al final, la vida es ese balance. Ese ir y venir constante. **Ningún valor se sostiene solo cuando choca con otro.** La verdadera habilidad está en mantener el equilibrio, vivir con responsabilidad, y sobre todo, en paz.

—**Y ahí, Raúl, ahí está la verdadera maestría.** En encontrar ese equilibrio. **Porque ahí, justo ahí, está el arte de vivir de verdad.**

Dr. Jose Luis Llerena Moran

13 La fuerza del duelo: cómo el dolor y la carencia nos impulsan hacia adelante

—**Raúl, ¿te has dado cuenta de que a veces la vida te lleva de un extremo a otro?** Es como si te obligara a detenerte y meditar. **Y sí, esas vibraciones duelen.** Se trata de esa sensación de falta, de que algo no está completo. **Sin embargo, si logras aprovecharlo, ese sufrimiento puede convertirse en una puerta abierta para el crecimiento.**

—**Has acertado completamente, Pepe.** La melancolía no es fácil. **Se asemeja a ese invitado que surge sin previo aviso y que prefieres no recibir.** Pero no puedes pasar la vida huyendo de ella. **Cuando la sientes de verdad, cuando identificas esa carencia, es como si algo dentro de ti despertara.** Te mueve, te sacude y te obliga a mirar hacia lo que necesitas. **Sin esas sacudidas, seguimos ahí, en piloto automático, sin cambiar nada.**

—**Es justo como el hambre, Raúl.** Piensa en lo deliciosa que sabe una comida cuando tienes hambre de verdad. **Ese vacío es lo que hace que la disfrutes tanto.** En la vida pasa igual. **Si no sentimos que algo nos falta, ¿cómo vamos a valorar de verdad lo que logramos?** Pero, ojo, incluso lo que más nos gusta pierde su encanto si lo repetimos una y otra vez. **El placer y la carencia están conectados; son un dúo inseparable.**

—**Así es, Pepe.** Lo importante es reconocer esas carencias, aunque no sean cómodas. **Porque, aunque a nadie le gusta sentirse vacío, es justo ese vacío el que nos empuja a seguir adelante.** Mira, quedarse en lo cómodo es fácil, pero también es como estancarse. **Ese dolorcito, esa incomodidad, si la aceptas, se convierte en esa chispa que te da energía. Te obliga a moverte.**

—**Exacto, Raúl.** Y ahí está lo interesante del dolor. **Si lo manejas bien, no te detiene. Al contrario, se convierte en pura gasolina.** No es el dolor lo que nos define, es lo que hacemos con él. **Si logramos enfrentarlo, entenderlo y usarlo, deja de ser un obstáculo. Se transforma en una herramienta, en un impulso que te lleva hacia adelante.**

—**Totalmente, Pepe.** Es como un combustible potente. **El truco no está en huir del sufrimiento, sino en darle la vuelta y convertirlo en una razón para actuar, para mejorar.** Porque, vamos, si todo fuera fácil, ¿qué nos empujaría a querer más, a buscar algo mejor? **Es en ese vacío donde encontramos la fuerza para avanzar.**

—**Pero fíjate, Raúl,** a veces no es que no queramos algo, es que no sentimos que de verdad nos hace falta. Ahí es donde la motivación se nos escapa.

Cuando no somos conscientes de nuestras carencias, es fácil abandonar cualquier objetivo. Esto aplica a todo, desde nuestra salud hasta nuestras relaciones. **Si no sentimos ese hueco, ¿cómo vamos a llenarlo?**

—**Ahí está el truco, Pepe.** La motivación real nace de una reflexión honesta. **Hay que darse el tiempo para pensar en lo que nos falta y en cómo eso está afectando nuestra vida.** Solo entonces aparece una motivación que dura. **Ya no es algo pasajero; es algo que se convierte en parte de ti porque tiene un propósito claro.**

—**Y mira, Raúl, la felicidad y la tristeza no son enemigos como siempre nos han dicho.** A veces, esa tristeza que te hace pensar en lo que te falta es justo lo que te pone en el camino hacia la felicidad. **Si la entendemos bien, la tristeza nos impulsa a crecer y nos empuja hacia una vida que realmente vale la pena.**

—**Es cierto, Pepe.** Nos enseñan a evitar la tristeza como si fuera algo malo, pero en realidad, si la manejamos bien, puede ser nuestra mejor aliada. **Es como esa amiga incómoda pero sincera que te dice lo que necesitas escuchar.** El dolor, cuando lo entiendes, no es un enemigo; **es la energía que necesitas para enfrentar la vida y acercarte a tus metas.**

—**Al final, Raúl, no se trata de correr del dolor.** Se trata de aprender a usarlo para cambiar. **Cuando realmente sentimos lo que nos falta, encontramos esa motivación**

para luchar. Y esa lucha, Raúl, es la que al final nos lleva a una felicidad auténtica. **No esa felicidad efímera, sino una que realmente dura.**

14 El desafío del cambio interior: cómo transformamos nuestros deseos y emociones para alcanzar el autocontrol

—**Mira, Raúl, eso de cambiar por dentro no es cualquier cosa, ¿eh?** Es como adentrarte en lo más profundo de ti mismo y preguntarte: **¿qué es lo que realmente quiero? ¿Qué estoy sintiendo?** Y claro, no es nada fácil. **Porque, vamos, ¿quién tiene ganas de enfrentarse al miedo, la inseguridad o la rabia?** Pero si no te atreves a mirarlos de frente, al final terminas reaccionando sin pensar, y ya sabemos cómo puede terminar eso.

—**Tienes toda la razón, Pepe.** Esos impulsos llegan sin avisar. **Si no te detienes un momento a pensar qué está detrás de ellos, caes en lo mismo de siempre: reaccionar sin reflexionar, cometer errores y, peor aún, quedarte atrapado en ese ciclo.** Cambiar de verdad requiere reflexión, pero también un compromiso contigo mismo. **Porque no basta con decir "quiero cambiar".** Mucha gente lo dice, pero otra cosa muy distinta es tener el coraje y la fuerza de voluntad para controlar esos impulsos.

—**Exacto, Raúl.** No se trata solo de decir "quiero cambiar". **El cambio comienza cuando el deseo de mejorar es más fuerte que el miedo o la comodidad de seguir reaccionando por inercia.** Y fíjate, esto conecta con algo de lo que siempre hablamos: **cuando das algo, ya sea tu tiempo, tu esfuerzo o lo que sea, lo que realmente importa es la intención con la que lo haces.** Si das desde el corazón, con sinceridad, no solo tiene un impacto enorme en los demás, también te transforma a ti.

—**Diste justo en el clavo, Pepe.** Dar no es solo regalar cosas materiales. **Muchas veces, basta con ofrecer atención, dedicar tu energía o escuchar de verdad.** Y cuando lo haces con la intención genuina de ayudar, no por obligación, ese acto de dar también te cambia por dentro. **Es como si cada gesto auténtico que haces te hiciera crecer.** Eso, sin duda, mejora tus relaciones, pero también la manera en que te ves a ti mismo.

»**Porque, cuando tu propósito es honesto, algo profundo cambia en ti.** Es como si te conectaras con tu parte más auténtica. **No hay una agenda oculta, no hay expectativas de recibir algo a cambio.** Simplemente das, y ese tipo de conexión no solo beneficia a la otra persona, también te eleva a ti. **Comienzas a percibir el mundo y a ti mismo de una manera más clara, más real.**

—**Es verdad, Raúl.** El cambio y el crecimiento están mucho más relacionados de lo que a veces pensamos. **Cuando entiendes por qué quieres cambiar y lo haces** con una intención clara, empiezas a transformar esas emociones que antes solo te provocaban reacciones automáticas. Y no es que dejes de sentir. **Al contrario, usas esas emociones para algo más grande, algo que de verdad importa.**

—**Exacto, Pepe.** No se trata de reprimir lo que sientes, sino de canalizarlo. **Es como cuando das algo con una intención pura: transforma las cosas.** Lo mismo pasa con el cambio personal. **Cuando tu propósito está claro, tus acciones empiezan a alinearse con tus valores y tus metas.** Y entonces experimentas una paz interior que no se compara con nada.

—**Sí, Raúl, porque esa paz nace del autocontrol.** Pero, ojo, no es un camino fácil. **Necesitas reflexionar, cuestionarte y ser brutalmente honesto contigo mismo.** Sin embargo, cuando logras alinear tus emociones, pensamientos y acciones, alcanzas un nivel de paz y autocontrol que es muy difícil de romper.

—**Así es, Pepe.** Esa combinación de propósito claro y transformación emocional es lo que realmente te impulsa a evolucionar. **Es un proceso, sí, pero vale la pena.** Porque al final, cuando estás en armonía contigo mismo y sientes que tienes control sobre tu vida, todo adquiere un significado más profundo. **Y lo mejor es que tus acciones comienzan a reflejar quién eres de verdad.**

»**Ahí está la diferencia.** No se trata solo de cambiar por cambiar, sino de hacerlo con intención, con propósito. **Porque ahí es donde se encuentra el verdadero desarrollo, el que no se tambalea con cualquier dificultad.** Lograr ese objetivo es un gran desafío, pero también la mayor gratificación.

15 El amor verdadero: esfuerzo, responsabilidad y compromiso

—**Vamos a ver, Raúl, este asunto del amor nos impacta a todos, ¿no?** Es algo que está constantemente presente, dándonos vueltas. **En ocasiones lo damos por sentado con elementos más sencillos, como un instante bello o ese encuentro mutuo que mantenemos con las personas.** Pero, ¿te identificas? **El amor genuino tiene un alcance mucho más profundo.** No es un asunto que simplemente sucede; requiere esfuerzo, compromiso y, principalmente, un trabajo interno.

—**Es verdad, Pepe.** Mucha gente cree que el amor es solo emoción o ese estado de estar enamorado que parece magia. **Pero, fíjate, cuando hablas de responsabilidad, muchos sienten que se pierde la chispa.** Lo que no entienden es que la responsabilidad, bien entendida, no pesa. **Es cuidar lo que valoras de corazón, y eso no le quita la magia al amor; al contrario, lo hace más real, más fuerte.**

—**En absoluto.** Es fascinante, ya que creemos que el compromiso representa una carga, pero en realidad es lo que hace que el amor sea genuino y perdurable. **Cuando optas por comprometerte con alguien o algo, no lo haces por obligación, sino por el deseo de proteger lo que te**

interesa. Esa responsabilidad no te limita, Raúl; te da dirección.

—**Exacto, Pepe, pero también hay que reconocer que no todo lo que llamamos amor lo es realmente.** Piénsalo. **A veces estamos más enfocados en lo que nos da satisfacción que en el otro.** Es similar a cuando una persona declara su amor por el arte o la música, pero lo que verdaderamente aprecia es la sensación que experimenta al oírla. **En las relaciones ocurre lo mismo: aparenta ser amor, pero si profundizas, es un intercambio de ventajas. Yo te doy, tú me das.**

—**Eso es lo que llaman amor condicional, ¿no?** Es mejor que el puro interés propio, claro, porque sí nos importa el otro, pero sigue teniendo límites. **Es decir, si algo cambia, ese "amor" puede desaparecer.** Ahora, la historia del amor incondicional es otra. **Es el verdadero amor, el que no se basa en lo que obtienes.** Al igual que el cariño que siente un padre por sus hijos. **Ellos los aman ya que los consideran un componente de su identidad, no porque anhelan obtener algo en cambio.**

—**Sí, Pepe, y considero que para alcanzar ese amor hacia otras personas, debemos considerarlas como un componente de nuestra identidad.** Estamos vinculados, a pesar de que en ocasiones se nos olvide. **Pero ojo, el amor incondicional no implica entregarnos hasta deshacernos de nuestra esencia.** En realidad, es admitir que realizamos este viaje juntos, que nos encontramos en el mismo barco.

—**Eso me recuerda, Raúl, que el amor profundo no aparece de la nada.** Hay que trabajarlo. **Cuando dedicas tiempo, esfuerzo y energía a alguien, esa persona se convierte en parte de ti.** Por eso los padres, muchas veces, sienten un amor especial por el hijo que más los ha desvelado. **Ese esfuerzo crea un vínculo mucho más fuerte.**

—**Es que el esfuerzo, Pepe, no solo crea conexiones. También te abre los ojos.** Te ayuda a ver más allá de lo inmediato. **Amar de verdad no es fácil, pero estar dispuesto a esforzarte, a cuidar, es lo que lo hace tan significativo.** Ese esfuerzo, lejos de limitarte, te hace sentir más completo.

—**Exactamente, Raúl.** Vivimos en una época en la que todos buscan libertad total. **Hacemos solo lo que nos hace felices en el momento, y evitamos cualquier cosa que huela a obligación.** Pero, al final, esa "libertad" nos deja sin amor verdadero. **Porque el amor, el de verdad, necesita compromiso. Necesita entrega, incluso cuando es difícil.**

—**Ahí está la paradoja, Pepe.** Mientras más esquivamos el compromiso, menos capaces somos de amar de verdad. **El amor pide entrega, y con esa entrega llega**

la responsabilidad. Pero es justo ahí, en esos momentos de esfuerzo y compromiso, donde el amor crece y se fortalece.

—**Es que, al final, Raúl, el amor no es algo que simplemente pasa.** Es el resultado de un esfuerzo por ver más allá de uno mismo. **Cuando te comprometes de verdad, el otro se convierte en parte de ti. Y ahí, en ese esfuerzo, nacen los vínculos más profundos.**

—**Eso es, Pepe.** Al final, el amor es para quienes están dispuestos a mirar más allá de ellos mismos. **Es lo que da sentido a la vida, lo que nos conecta. Es la expresión más alta de nuestra humanidad, porque nos permite ver al otro como una extensión de nosotros mismos.**

16 El impulso constante para superar el ego

—**Mira, Raúl, ¿te has detenido a pensar en eso de "cómo puedo ser útil de verdad"?** Porque, mira, parece que todo el mundo mide el éxito por las cosas que tienes o por lo alto que has llegado en el trabajo. **Pero ¿sabes qué? Al final del día, siento que la verdadera gratificación va mucho más allá de acumular cosas o presumir títulos.**

—**Tienes toda la razón, Pepe.** Es como si estuviéramos atrapados en la idea de que solo importa lo que se ve, lo tangible. **Pero, ¿qué dejamos atrás?** Si te lo planteas, una máquina tiene valor porque genera más de lo que consume, ¿no? **Entonces, ¿qué significa una vida que solo consume y no deja ninguna huella?**

—**Sí, Raúl.** Vivimos en una sociedad que nos empuja a buscar la felicidad en el consumo y la comodidad. **Pero, seamos sinceros, ¿eso realmente llena?** Yo creo que la verdadera felicidad no viene de «tenerlo todo». **Viene de saber que lo que haces tiene sentido, que aportas algo bueno.** Y cuando cambias esa mentalidad, empiezas a ver las cosas de otra manera, incluso tus propias acciones.

—**Exacto, porque estamos tan acostumbrados a enfocarnos solo en nosotros mismos.** Esa idea de «vivir para mí» nos aleja de algo esencial: **dar y ser útiles para los**

demás. Es interesante, ¿no? **Al final, no es lo que posees, sino lo que entregas lo que realmente deja algo dentro de ti.** La verdadera alegría está en saber que lo que haces tiene un impacto positivo, aunque sea pequeño.

—**Y, ¿sabes qué, Raúl?** A veces hay que hacerse preguntas incómodas. **Como cuando llegas a casa después de un día largo: ¿tu presencia aporta algo positivo a tu familia?** ¿De verdad estás contribuyendo en la vida de quienes te rodean? **Porque, si la respuesta es "no", ahí tienes una oportunidad para cambiar, ¿no crees?** Para ser una influencia positiva.

—**Claro, Pepe, y no es que esas preguntas sean para sentirte mal.** Al contrario, son para crecer. **A veces nos quedamos estancados pensando en lo que ya hicimos o en lo que nos falta, pero mira, es como un bebé: su valor no está en lo que ya hizo, sino en todo lo que puede llegar a ser.** Lo mismo pasa con nosotros. **Nuestro valor está en lo que somos ahora y en lo que todavía podemos aportar.**

—**Exacto, Raúl.** Y, oye, no siempre es necesario hacer cosas grandes o sorprendentes. **Muchas veces, son las acciones más simples las que tienen más valor.** Una palabra amable, un gesto de cariño, incluso un pensamiento positivo, puede cambiar el día de alguien. **¿Sabes? Es como una cadena: lo que haces bien puede llegar mucho más lejos de lo que imaginas.**

—**Pero, Pepe, ¿qué pasa cuando nos volvemos indiferentes?** Ahí es donde realmente nos perdemos, ¿no? **Vivir solo para los placeres del momento, sin pensar en crecer o aportar, nos deja vacíos.** ¿Te has fijado que la gente más feliz no es la que más tiene, sino la que más da? **En los barrios más humildes, muchas veces encuentras ese sentido de pertenencia y utilidad que rara vez ves en los lugares donde "lo tienen todo".**

—**Es cierto, Raúl.** Cuando alguien siente que es importante para otros, encuentra una razón para seguir adelante. **Pero si todo gira en torno a la comodidad y el placer, perdemos de vista esa necesidad de ser útiles.** Y eso deja una insatisfacción muy profunda. **Es como una paradoja: cuanto más tienes, menos satisfecho te sientes si todo se queda en ti mismo.**

—**Por eso, Pepe, creo que es tan importante preguntarnos cuál es nuestro propósito.** Nos obliga a replantearnos si nuestra existencia ha sido significativa para alguien, si hemos dado más de lo que hemos recibido. **No es fácil, pero es una reflexión que le da sentido a todo, ¿no crees?** Y, mira, saber que puedes mirar atrás y darte cuenta de que has hecho una diferencia en la vida de alguien, eso sí que llena. **No hay sensación más gratificante que saber que tus acciones han tenido un impacto.**

—**Exacto, Raúl. Porque, al final, la gratificación no viene de lo que posees, sino de lo que das.** Y cuando te tomas un momento para valorar el efecto que dejas en el mundo, eso no solo fortalece tu confianza, también mejora tus relaciones con los demás. **Ser útiles no solo nos hace mejores personas, también es el secreto para vivir con propósito y plenitud.**

—**Ahí está, Pepe. Lo que realmente nos conecta con algo más grande es ser útiles.** Eso es lo que nos da una verdadera sensación de vida, lo que le da significado a todo esto.

17 Ética en la IA y la Tecnología

—Oye, ¿te has dado cuenta de cómo la inteligencia artificial se ha metido en nuestras vidas? Ya no es como en las películas de antes, de robots y cosas futuristas. **Está en todo.** No sé tú, pero cada vez veo más IA hasta en las cosas cotidianas, desde lo que aparece en las redes sociales hasta los trabajos que están empezando a automatizar. **Está por todos lados.** Pero, claro, con tanto avance, también da un poquito de miedo, ¿no? Y ahí empiezan a salir preguntas complicadas, porque no es solo «controlarla» y ya. Es asegurarse de que siga lo que realmente importa, ya sabes, valores básicos como la justicia, la empatía, el respeto... porque no estamos hablando de ética como de costumbre; estamos hablando de máquinas que empiezan a decidir cosas que antes solo decidíamos nosotros. **Y eso ya cambia todo.**

—Sí, es eso, porque si te pones a pensarlo bien, esos algoritmos no siempre reflejan lo que queremos. **A veces, hasta lo empeoran.** Mira, Harari lo menciona en *Homo Deus* (te lo comenté una vez, ¿te acuerdas?). Él dice que, si no controlamos esto bien, la IA podría acabar aumentando desigualdades, y hasta limitando nuestras libertades. Y luego está Bostrom, en *Superintelligence*, diciendo que si dejamos que esto crezca sin control... podría hasta volverse una amenaza real. Así que, al final, es lo de siempre: que **la IA tiene que**

desarrollarse con valores humanos desde el principio. Si no, vamos mal.

—Sí, y un ejemplo clarísimo de esos problemas está en el sistema de justicia en Estados Unidos. Ya sabes que usaron un algoritmo para ver el riesgo de reincidencia y, sorpresa, terminaban tratando peor a las personas afroamericanas. **Ahí ves que no basta con que la IA sea rápida o eficiente; tiene que ser justa, y un poco humana también**, ¿no crees? Stuart Russell lo dice muy claro en *Human Compatible*: si la IA no respeta los valores humanos, podemos acabar con máquinas muy poderosas, pero sin ética. Y eso es peligroso.

—Eso es, pero ojo, no todo es malo, ¿eh? Hay cosas alucinantes que puede hacer la IA. **Mira cómo ya está detectando cáncer en etapas tempranas**. Imagínate cuántas vidas puede salvar si se usa bien. Pero, eso sí, con ética, respetando la privacidad, la dignidad de las personas. Porque entonces, la IA no solo ayuda, sino que de verdad mejora la vida de la gente.

—Exactamente. Ese es el reto. Para quienes desarrollan estas cosas, no se trata solo de hacer sistemas potentes y rápidos, sino que respeten lo que valoramos. Bostrom lo advierte: si no vigilamos esto, esos sistemas pueden empezar a tomar decisiones sin tener en cuenta lo que queremos. Es como en la vida, ¿no? Todo lo que hacemos debería estar alineado con nuestros principios. **Si no ponemos la ética en cada paso, pues eso, podemos** terminar con una tecnología súper eficaz, pero sin humanidad.

—**Y es que luego está el ego**, ¿verdad? Todo este tema de querer ser el primero, de tener el control. Harari lo explica también: esa búsqueda de poder casi «divino» con la tecnología, que puede hacer que nos olvidemos de lo ético. En vez de ver a la IA como una amenaza, deberíamos enfocarnos en que aprenda de nuestros valores y sea una herramienta que refleje lo mejor de nosotros.

—Sí, pero la IA, al basarse en datos, puede terminar deshumanizando a la gente. Mira lo que pasa en algunas empresas con los algoritmos de contratación; **suelen discriminar a mujeres y a minorías**. Harvard hizo un estudio sobre eso y lo confirmó. Y con todos los empleos que se van a automatizar, es urgente que la IA sea inclusiva y que proteja a los más vulnerables, de verdad.

—**Y aquí es donde entran los valores humanos**, ¿no? Justicia, equidad, empatía… esas cosas tienen que estar desde el inicio. Kurzweil, en *The Singularity Is Near*, se imagina un futuro donde la IA ayuda a resolver problemas globales, pero solo si priorizamos los valores éticos desde el principio. **No basta con que estos sistemas sean rápidos; tienen que ser justos también.**

—Y, para que esos valores se integren, los desarrolladores tienen que pensar en ética desde el primer paso. En Europa, por ejemplo, están intentando que los algoritmos de contratación no solo no discriminen, sino que hasta ayuden a corregir injusticias históricas. Es un buen ejemplo de cómo la IA puede mejorar la inclusión.

—Totalmente, y otra cosa es que falta educación sobre los riesgos y beneficios de la IA, para los desarrolladores y para la gente en general. Igual que en el desarrollo personal, el conocimiento y los valores son esenciales para avanzar bien. **Si no somos conscientes de los riesgos de la IA, sobre todo en términos de desigualdad y prejuicios, nunca vamos a construir un mundo tecnológico justo y equilibrado**.

—Y para eso hace falta que todos hablen, que se sienten a la mesa: desarrolladores, usuarios, expertos en ética… Hay organizaciones formando comités éticos con personas de todo tipo, desde filósofos hasta líderes religiosos, para discutir cómo guiar la IA hacia un futuro más justo. **Esto no solo mejora la tecnología, sino que le da un marco ético necesario**.

—Es que **el potencial de la IA es tremendo**. Imagínate todo lo que podría hacer por el medio ambiente o para reducir desigualdades. Pero eso solo pasa si el desarrollo se enfoca en el largo plazo y en proteger la dignidad humana. OpenAI y algunas iniciativas en Europa ya están en esto, buscando que la IA sea segura y beneficiosa para todos. **Es el equilibrio que necesitamos**: progreso tecnológico, sí, pero con valores humanos.

—Así es, y como en la vida, el desarrollo ético de la IA necesita que todos se comprometan. Los desarrolladores, los legisladores, los filósofos, los líderes espirituales… Todas esas voces ayudan a que la IA mejore nuestras vidas y refleje nuestros ideales de justicia, compasión y dignidad.

—Sí, y si la ética en la IA está bien guiada, **puede ser una fuerza increíblemente positiva**. Igual que en nuestro propio crecimiento, esto requiere intención, responsabilidad y una conexión profunda con los valores humanos. **El futuro de la tecnología y de nuestro desarrollo como personas depende de que sepamos incorporar justicia, equidad y empatía en cada paso del camino.**

18 El cambio interior: cómo superar la frustración y lograr transformaciones reales

—**Hola, Raúl, ¿no te ocurre que, a medida que tratas de perfeccionar algo, acabas sintiéndote frustrado?** Como si, a pesar de tus ganas, algo siempre te dejara atrás.

—**¡Uf, Pepe, no me lo expliques! Por supuesto que sí.** Es similar a esa declaración que te haces a ti mismo: **«esta vez sí lograré mejorar en esto o en lo otro».** Arrancas con toda la energía, pero con el tiempo… pum, vuelves a las mismas. **Cambiar de verdad es mucho más complicado de lo que parece, ¿no?**

—**Totalmente, Raúl.** Pero, mira, creo que el problema no es tanto el cambio en sí, sino cómo lo estamos entendiendo. **Quizás si lo abordamos de manera distinta, sin tantas expectativas ni necesidad de urgencia, el proceso sería más orgánico y más simple.** Esa frustración a la que haces referencia, considero que proviene de la falta de entendimiento de lo que verdaderamente implica cambiar de paradigma.

—**Has tenido razón.** Finalmente, todos buscamos ser más eficientes. Es un componente de nuestro ser, ¿no? **Esa intención de conectarnos con algo más extenso, algo que realmente posea importancia.** Sin embargo, luego surgen la rutina, las redes sociales, el trabajo, las mil tareas diarias… **y nos volvemos distraídos, perdiendo la orientación.**

—**Ahí le diste, Raúl.** No es que nos falten ganas, sino que las distracciones nos alejan de esa vocecita interior, **la que de verdad sabe lo que queremos y hacia dónde deberíamos ir.** Mira, el verdadero reto no es **«crear»** una conexión con nosotros mismos, porque ya está ahí. **Es más bien despejar todo lo que no nos deja escucharla.**

—**Sí, porque entre el teléfono que no para de sonar, los correos, las noticias… ¿dónde encuentras un segundo de silencio?** Darse un momento para reflexionar parece un lujo hoy en día. **Y fíjate, Pepe, eso es esencial. Sin esos momentos de calma, ¿cómo te reconectas contigo mismo?**

—**Exacto, Raúl.** La clave no es encontrar esa conexión, porque siempre ha estado ahí. **Es evitar que el ruido nos la opaque.** Y cambiar, si lo piensas bien, no tiene que ser este monstruo tan grande que cargamos como una obligación. **En realidad, es como regresar a casa, retornar a lo que siempre hemos sido, pero que en ocasiones se nos olvida en medio de tanto ruido.**

—**Eso resulta hermoso, Pepe. Modificar no debería provocar que nos sintamos culpables ni tristes, ¿no?** Por el contrario, debería ser como ese estímulo que te vincula con lo más destacado de ti. **No se trata solo de arreglar lo que está mal, sino de recordar quién eres de verdad.**

—**¡Tal cual!** La culpa y la tristeza, Raúl, solo nos frenan. **En cambio, cuando el cambio viene desde un lugar de entusiasmo, como un deseo genuino de reconectarte contigo mismo, todo fluye diferente.** Esa energía de volver a lo que importa es la que realmente te transforma.

—**Pero, Pepe, ¿no piensas que nos encontramos inmersos en un círculo infinito de distracciones?** Entre las comunicaciones, la labor y todo lo demás, apenas queda tiempo para respirar. **Y de esta manera, ¿cómo no nos vamos a sentir desvinculados?**

—**Es que es eso, Raúl.** Estamos tan metidos en el ruido que rara vez nos damos permiso para parar. **La clave está en crear esos momentos de calma, aunque sean cortitos, para escucharte de verdad.** No es cuestión de modificar nuestra esencia, sino de deshacernos de todas esas capas que nos dificultan la visión. **El auténtico reto consiste en crear lugar para ello.**

—**Y también considero que es muy beneficioso hablarlo.** Con alguien que te brinde seguridad o incluso contigo mismo, ¿verdad? **Dado que al manifestar tus sentimientos, tus metas, lo que te preocupa, todo se vuelve más genuino, más perceptible.**

—**En absoluto, Raúl.** No debería ser algo que conservemos en secreto. **Es necesario expresarlo, difundirlo.** Porque al exponerlo a la luz, al afirmar **«esto quiero mejorar»,** no solo mejoras tu comprensión, sino que también estableces vínculos con otros. **Es similar a un círculo de respaldo recíproco.**

—**Al final, Pepe, el cambio no es reinventarnos ni convertirnos en algo que no somos.** Es reconectar con lo que siempre ha estado ahí. **Todos queremos ser mejores, pero nos enredamos tanto en el ruido externo que nos olvidamos de ese deseo interno.**

—**Mira, Raúl, es cuestión de tomarse el tiempo, ¿sabes?** Si de verdad paramos un rato para escuchar esa vocecita que llevamos dentro, las cosas empiezan a encontrar su equilibrio.

—**Eso es, Pepe.** No puedes cambiar nada si sigues envuelto en todo el ruido de afuera.

—**Mira, Raúl, a veces lo único que necesitamos es detenernos un poquito, ¿sabes?** Darnos ese tiempo para escuchar lo que realmente llevamos dentro. **Cuando lo hacemos, todo empieza a encontrar su lugar, como si las cosas se fueran equilibrando solas.**

—**Es cierto, Pepe.** Cambiar de verdad no pasa si seguimos atrapados en todo el ruido de afuera. **Pero si logramos alejarnos, aunque sea un rato, y nos enfocamos en lo que importa de verdad, empezamos a vivir con más sentido, con más autenticidad.** Cada día que pasa es una oportunidad nueva para volver a conectar con lo que realmente somos.

—**La cosa es, Raúl, ¿nos vamos a dar ese chance o vamos a dejarlo pasar?** Porque al final del día, todo depende de nosotros, ¿no crees? **Nadie más lo va a hacer por nosotros.**

19 El último paso hacia la libertad interior

—Te digo algo, Raúl, ¿no te pasa que cada año empezamos con esa idea de «este sí es mi año, esta vez sí cambio»? Pero al final, nada… vuelves a lo mismo de siempre. Uno termina preguntándose, **¿es de verdad posible cambiar si todo parece repetirse?**

—Sí, Pepe, te comprendo completamente. **En ocasiones parece que nos encontramos enredados en un círculo, ¿verdad?** Sin embargo, si lo consideras detenidamente, creo que siempre existe la posibilidad de renovarnos. **El tiempo continúa progresando,** pero también posee ciclos similares al de la luna, que varían de manera constante. Es como si nos recordara que siempre hay una posibilidad de comenzar de nuevo, incluso cuando todo parece repetirse.

—¡Precisamente! El secreto radica en no permitir que la rutina nos devore en vida. **A pesar de que las cosas parezcan idénticas, podemos determinar cómo las interpretamos.** Y eso es lo que nos distingue como individuos, ¿verdad? **Es posible darle una vuelta a nuestra historia, descubrir algo inédito incluso en lo ya establecido.**

—En absoluto, Pepe. Durante la historia, numerosas personas creían que estábamos condenados a repetir lo mismo constantemente. No obstante, no estoy seguro de que sea así. **Tenemos la capacidad para desmantelar patrones y reinventarnos.** No nos encontramos solo para replicar como aparatos, sino para producir algo diferente.

—Sí, pero es que la rutina te atrapa sin que te des cuenta, ¿a poco no? Haces lo mismo todos los días, piensas igual, y ni te preguntas si eso realmente te está llevando a algún lado. **Te quedas en lo cómodo, y eso al final termina frenándote.**

—Y no solo se trata de romper con lo malo, Raúl. **En ocasiones, hasta lo positivo se torna monótono,** como cuando te encuentras en modo automático en una relación o en el ámbito laboral. **Es sencillo perder de vista que cada instante es inigualable,** que podemos decidir cómo vivirlo. **Es en ese punto donde se manifiesta la renovación,** ¿verdad?

—Por supuesto, Pepe. **Renovarse no solo conlleva rectificar fallos, sino también crear una relación con algo de mayor importancia.** Investigar esos deseos de continuar avanzando, de explorar algo novedoso. **Es romper ciclos que ya no te proporcionan beneficios y comenzar a avanzar en una dirección que verdaderamente te proporcione significado.**

—Y con tanto ruido en nuestras vidas (el teléfono, las redes, el trabajo) **¿cómo no nos vamos a desconectar de nosotros mismos?** Es como si estuviéramos tan ocupados que ya ni nos escuchamos. **Vamos en automático, y eso nos desconecta de lo que realmente importa.**

—Por eso es tan importante **darnos un momento de silencio**, Raúl. No se trata de convertirnos en alguien distinto, sino de regresar a quienes somos en realidad. De **reencontrarnos**. Y eso solo pasa si hacemos un espacio para escucharnos, aunque sea un ratito.

—¿Qué sabes? **Conversarlo tiene un gran beneficio**. En ocasiones, simplemente expresar en voz alta tus emociones o inquietudes ya contribuye a que todo se transparente. **Puede ser con alguien que te brinde seguridad o contigo mismo**. No obstante, darle palabras a tus sentimientos y objetivos siempre contribuye a ordenar las cosas.

—Eso es, Pepe. **Y no solo se trata de guardarlo para ti**. Hablar de cambio, de crecimiento, debería ser parte de nuestras conversaciones diarias, ¿no? **Es como un recordatorio constante de que siempre hay algo que mejorar**, algo que podemos hacer para estar mejor.

—Porque al final, Raúl, **cambiar no es convertirte en alguien que no eres**. Es más bien volver a conectar con lo que ya llevas dentro. **Todos queremos ser mejores, pero a veces nos perdemos en el ruido de afuera**. La clave está en escuchar esa voz interna que nos guía y darnos la oportunidad de actuar.

—Así es, Pepe. **Cada día es una nueva chance para empezar de nuevo.** No podemos detener el tiempo, pero sí podemos ajustar nuestra actitud y vivir con más propósito. **Y al final, eso es lo que le da sentido a todo, ¿no crees?**

—Claro que sí, Raúl. Pero la pregunta es, **¿vamos a darnos ese chance?** Porque, mira, nadie más lo va a hacer por nosotros. **Si deseamos algo distinto, es responsabilidad nuestra tomar ese primer paso.**

Parte 3: El Camino hacia el mundo – Aplicación y realización del cambio

20 Envidia y egoísmo en la naturaleza humana

—A ver, Raúl, ¿no te parece curioso cómo la envidia y el egoísmo se nos cuelan en la vida? Así, sin avisar. A veces ni cuenta nos damos, pero están ahí, como si fueran parte de nosotros.

—Sí, Pepe. Es como si vinieran de fábrica, ¿no? Algo bien antiguo, de lo más básico que tenemos como humanos. Mira, hasta la historia de Caín y Abel lo muestra. Más allá de que sea un relato bíblico, es una metáfora buenísima. La envidia lo llevó a hacer tonterías. En lugar de mirar lo que él podía mejorar, se dejó llevar por el coraje y, pues, terminó muy mal.

—Claro, porque Caín sintió que el éxito de Abel le quitaba valor a él. Es eso de medirnos por los logros de otros, ¿sabes? Y, en vez de verlo como una oportunidad para ser mejor, lo toma como una amenaza.

—Y lo peor: ¿te acuerdas de la frase que suelta después de… bueno, ya sabes, lo que hizo? Eso de: «¿acaso soy yo el guardián de mi hermano?». Es como una excusa barata. Ahí se ve clarito el egoísmo y esa desconexión con el otro. Una manera de decir: «ese no es mi problema; él por su lado, yo por el mío». Pero, al final, la envidia distorsiona todo. Te nubla.

—**Es que es un ciclo que todos conocemos, Raúl.** Primero la envidia, después la melancolía. Ya que las cosas no ocurren como anticipabas y, en lugar de aprovechar esa frustración para evolucionar, te encuentras inmerso en el resentimiento.

—**Es como si el ego asumiera el mando, ¿verdad?** Y la envidia, aunque no lo desees, comienza a lastimarte. **De repente ya no ves lo que tienes; solo te fijas en lo que le va bien a los demás. Es un desgaste total. Y con lo que vivimos ahora, peor todavía.** Las redes sociales son una bomba. **Ves solo lo bonito de las vidas de otros y ahí estás, sintiéndote menos, como si tu vida no fuera suficiente.** Todo tan perfecto, todo tan editado.

—**Pero ahí está el truco.** Si te enfocas tanto en lo que otros tienen, te pierdes de lo tuyo. **Es una trampa bien hecha, porque la envidia te ciega. Te roba la gratitud. Ni disfrutas lo que tienes ni te das cuenta de tus propios logros.**

—**Exacto, Pepe. Aunque no es fácil, creo que la salida está en alegrarte por lo de los demás, ¿no?** No como un «¡ay, qué bueno por ti!» forzado, sino sentir de verdad que el éxito del otro no te quita nada a ti. **Al contrario, hasta te puede inspirar.**

—**Es eso, Raúl. Ver a los demás como compañeros, no como rivales.** Y enfocarte en lo que quieres para ti, no en lo que otros están haciendo. **A veces** cuesta, porque caemos en la comparación, pero cuando lo logras, todo cambia. **Es una carga menos.**

—¿Y **sabes qué?** Esa narrativa de Caín y Abel sigue siendo una enseñanza de gran relevancia en la actualidad. **La codicia y el orgullo solo conducen a la destrucción.** Nos nublan, nos distancian de los otros e incluso nos causan daño a nosotros mismos.

—Sí. **Y creo que la clave para enfrentar esas emociones tan pesadas es la gratitud.** Cuando agradeces lo que tienes, hasta te sientes más ligero. Y si, además, aprendes a celebrar lo bueno en los demás, encuentras una paz diferente. **No es fácil, pero es posible.**

—Cierto, Pepe. **Es un trabajo de todos los días, pero vale la pena.** Porque vivir sin esa carga de envidia te da una libertad… **Y al final, eso es lo que queremos, ¿no? Vivir tranquilos, en paz con uno mismo y con los demás.**

—Así es, Raúl. **Al final, eso es lo que vale.**

21 La tensión entre el idealismo y la autoridad: reflexiones sobre el cambio social y personal

—Dime, Raúl, ¿te has fijado en que siempre estamos en ese tira y afloja entre lo que soñamos y lo que nos imponen las reglas? Como que nunca se acaba, ¿no?

—Pepe, ¡ni lo digas! Parece cosa de siempre. Mira, desde los tiempos de las historias del diluvio y la Torre de Babel... Aunque son cuentos viejísimos, nos siguen hablando clarito. Te dicen: «ojo: cuando te dejas llevar demasiado por la ambición sin límites, las cosas terminan mal».

—Exacto. Esas historias no son solo para asustarnos, ¿eh? Son un aviso: si te olvidas de los valores, si todo es poder, construir y más construir, todo se desmorona. Pero mira, después de cada desastre siempre queda la oportunidad de volver a empezar. Y no hablo solo de levantar cosas, ¿eh? Hablo de recuperar lo esencial, lo que nos mejora como individuos y como colectividad.

—Eso sí, el idealismo juega un papel enorme. Los jóvenes siempre traen esas ganas, ¿no? Esa potencia de transformar el mundo, de cuestionarlo todo. **Es como si dijeran: «¡esto puede ser mejor!».** Pero también, pobrecillos, cuando chocan con esas barreras de siempre, muchos pierden la chispa. **Se decepcionan...**

—Y es una pena, Raúl. Porque, mira, la historia nos lo dice: los grandes cambios vienen de esa energía. Sin eso, todo se queda estancado. Pero también es cierto que hace falta alguien que les eche un cable, ¿no? Sin una guía, esa fuerza se dispersa. Es como un río sin cauce.

—Ahí es donde entra la autoridad, Pepe. El idealismo es como un fuego, potente pero peligroso. Sin un rumbo, puede quemarlo todo. Pero la autoridad... Si se usa bien, puede ser como un faro: canaliza esa energía para que realmente transforme las cosas, sin arrasar con todo lo que ya existe.

—Sí, sí. La autoridad no debería ser un muro que no te deja pasar, sino más bien una guía que te ayuda a no perderte. Porque tampoco es cuestión de obedecer a ciegas, ¿eh? Se trata de reconocer que hay cosas valiosas que nos sostienen, pero que también podemos mejorar.

—¡Exactamente! Todo se reduce a encontrar el equilibrio, ¿no crees? No puedes ir destruyendo todo lo viejo por el simple hecho de que es viejo. Debes tener algo mejor para poner en su lugar. **Y eso no solo aplica en la sociedad, Raúl, sino en la vida misma. A veces** tiramos cosas por impulso, sin pensar en las consecuencias.

—**Totalmente. Y hablando de eso, lo de la Torre de Babel es el ejemplo perfecto.** Esa gente quería hacer algo enorme, pero se olvidaron de preguntarse: **«¿Esto sirve de algo? ¿Esto realmente nos ayuda como comunidad?».** Cuando la ambición se convierte en un fin en sí misma, nos deshumaniza.

—**Lo peor, Pepe, es que eso sigue pasando hoy. La carrera por hacer más, tener más… y nadie se para a pensar si eso nos lleva a algún lado.** Todo tan rápido, todo tan material, que a veces uno siente que estamos en piloto automático. **Tecnología, modas, movimientos masivos… ¿Y el propósito? ¿Dónde quedó?**

—**Ahí está el punto, Raúl. Por eso necesitamos balance. El idealismo es necesario, pero sin una estructura sólida puede ser puro caos.** Y una autoridad demasiado rígida, por otro lado, mata cualquier chispa de novedad. **Necesitamos ese espacio para ideas frescas, pero también algo que las mantenga con los pies en la tierra.**

—**Claro, porque los jóvenes tienen esa energía para cambiarlo todo, pero también tienen que aprender a ver el valor de lo que ya está construido.** Y la autoridad, si es sabia, tiene que dejar que esa chispa florezca sin apagarla antes de tiempo.

—**Al final, Raúl, estas tensiones de las que hablamos nos enseñan algo clave: el progreso real viene cuando respetamos lo que nos sostiene sin dejar de buscar formas de mejorarlo.** Ni el cambio puro ni la estabilidad total nos llevan a mucho por sí solos.

—**Así es, Pepe. Si queremos construir algo que de verdad nos sirva a todos, necesitamos idealismo para soñar y estructuras para sostener esos sueños.** Y ese balance… **es lo que vale la pena buscar.**

22 El viaje hacia uno mismo: reflexiones sobre la identidad y el crecimiento personal

—Mira, Raúl, eso del «viaje hacia uno mismo» suena como algo muy filosófico, pero, en realidad, ¿sabes qué es? Es aprender a entenderte de verdad y dejar de depender tanto de lo que pasa a tu alrededor.

—¡Tal cual, Pepe! Y lo más importante es que no tienes que alejarte. Este viaje se orienta hacia el interior, no hacia el exterior. Es una travesía emocional y psicológica. Entre tantas voces, tantas presiones… debes plantearte: «¿quién soy realmente?». Y especialmente hoy en día, donde todo parece diseñado para distraer la atención, **este viaje es más esencial que nunca.**

—**Y todo empieza por salir de esa zona de comodidad.** No solo hablo de cambiar de lugar, sino de soltar esas creencias o dependencias emocionales que cargamos sin darnos cuenta. **Esas cosas que te frenan, ¿sabes?**

—**Eso es, Pepe. Y no se trata tanto de llegar a un destino, sino del acto mismo de soltar.** Evitar lo que ya no te beneficia, las ideas que han dejado de tener sentido para ti, las tradiciones que solo te mantienen prisionero. **Es como caminar más ligero; empiezas a avanzar hacia un objetivo que realmente es tuyo.** Y aquí radica la dificultad: descubrir tu identidad sin olvidarte de lo que los demás quieren o piensan. **Desde chicos nos meten en moldes, ¿no? La familia, la cultura, las expectativas. Todo eso te moldea, claro, pero el problema es cuando permites que eso sea todo lo que eres.**

—**Ahí está el reto, Raúl. No es que debas cortar con todo, pero tienes que encontrar un equilibrio. Estar presente en el mundo sin permitir que el mundo dicte quién eres.** Esa autonomía emocional resulta crucial. Porque, al reconocer tu identidad, puedes mantenerte firme tanto en los momentos de alegría como en los de adversidad.

—**Pero ¡qué difícil es no depender de lo que los demás piensan!** A veces parece que nuestra felicidad depende de si el empleo es bueno, si hay ingresos, o si estamos en una relación. **Y cuando todo marcha bien, nos sentimos invencibles. Pero basta que algo cambie para que todo se desmorone.**

—**Es en ese punto donde comprendes que el auténtico desarrollo personal no puede depender de factores externos. Tiene que surgir de dentro. Es más importante valorar el esfuerzo, el proceso, que solo el resultado.** Cuando empiezas a apreciar el camino, descubres una tranquilidad que no depende de nada más.

—**Aunque claro, en este viaje siempre hay tres grandes obstáculos: compararnos con los demás, dejarnos llevar por deseos impulsivos y buscar que los demás nos reconozcan.** Son como trampas que te desvían, y a veces ni siquiera te das cuenta de que has caído en ellas.

—**Compararte con otros es un veneno.** Te concentras tanto en lo que hace el otro que pierdes de vista lo que tienes que hacer. **Te frustras, te desconectas de ti mismo. Y lo que realmente te da paz es valorar lo que has logrado, aunque sea distinto de lo de los demás.**

—**Y ni hablar de los impulsos. Cuántas veces te metes en problemas porque decides algo en el momento, sin pensar en las consecuencias.** La verdadera libertad no consiste en hacer lo que quieres todo el tiempo, sino en tener la disciplina y la responsabilidad necesarias para elegir lo que realmente te beneficia.

—**Y la necesidad de reconocimiento… Ese es otro tema complicado.** Si siempre dependes de que otros validen tus acciones, nunca serás libre. **Aprender a valorar tu trabajo por lo que es, sin necesidad de la aprobación de los demás, te da una estabilidad invaluable.**

—**Por eso, superar estas barreras es lo que te ayuda a construir algo sólido en tu interior.** Algo que no se tambalea con cada crítica o cambio externo. **Sí, es un trabajo diario, pero vale la pena. Porque cuando logras** regular tus emociones y fortalecer tu identidad, encuentras una paz que no depende de nada ni de nadie.

—Y no es un camino fácil, Pepe. Requiere paciencia, esfuerzo y estar dispuesto a fallar y volver a intentarlo. Pero los resultados… en términos de paz y satisfacción, son impagables.

—Así es, Raúl. Este viaje hacia uno mismo no tiene nada de místico, ¿sabes? Es emocional, es mental. Se trata de liberarte de lo que te ata, de esas cosas que te desvían, y aprender a estar bien contigo mismo. Porque en un mundo que exige tanto, la verdadera lección es aprender a ser auténtico y constante. Eso es lo que realmente da sentido a la vida.

23 La importancia de la autenticidad en un mundo marcado por la superficialidad

—**Mira, Pepe, ¿te diste cuenta de cómo ahora todo se basa en las apariencias?** Desde que somos críos, nos enseñaron a «comportarnos», a dar una buena impresión, a hacer lo que la gente espera. **Pero, siendo honestos, hay un abismo entre lo que mostramos y lo que realmente somos, ¿verdad?**

—**Uf, sí, Raúl. Nos enseñan a parecer amables, generosos, pero muchas veces, detrás de esa buena cara, hay otros intereses, ya sabes.** ¿Cuántas veces no hemos visto a alguien que parece buenísima gente y luego resulta que solo está buscando lo suyo? **Hoy en día, la mayoría de las cosas se hacen más por el «qué dirán» que porque salgan del corazón.**

—**Eso, eso es. Cuando solo haces cosas para quedar bien, te vas alejando de quién eres en realidad.** Te pones tantas máscaras que terminas perdiéndote entre ellas. **Pero ser auténtico es otra historia: es hacer lo que sientes, sin esperar nada a cambio, porque te nace de**

verdad. Ahí está la diferencia entre hacer algo por cumplir y hacerlo porque de verdad te importa.

—**Exacto. Y te digo algo: cuando uno es auténtico, mejora no solo cómo te llevas con los demás, sino cómo te sientes contigo mismo.** Ya no andas intentando impresionar a nadie; haces las cosas porque van contigo. **Es que, en el mundo de hoy, las apariencias lo son todo, y nos olvidamos de lo importante.** Nos enseñan buenos modales, a seguir ciertas normas, pero rara vez nos llevan a pensar si lo que hacemos tiene que ver con lo que realmente queremos ser. **Parece que lo que vale es cómo se ve, no lo que hay detrás.**

—**Y encima, sin darnos cuenta, eso mismo se lo enseñamos a los niños.** Cuando les decimos «no hagas eso, que se ve mal», les estamos diciendo que lo importante es lo que piensen los demás, no si lo que hacen es realmente correcto o no. **Así es como terminamos creando una cultura en la que lo que importa es cómo nos ven, no lo que somos de verdad.**

—**Y claro, preocuparse tanto por la imagen no solo te desconecta de tu esencia, sino que también te frena.** Si vivimos solo buscando aprobación, se nos olvida quiénes somos en realidad. **Y ahí está el problema: al final, terminas conformándote con parecer buena persona, sin preguntarte si realmente lo eres.**

—**Eso es. Nos quedamos atrapados en querer que nos vean como amables, generosos o exitosos, pero ¿qué pasa con las intenciones?** Que te reconozcan puede sentirse bien, pero al final te aleja de lo que importa: trabajar en ser mejor.

—**Ahí está la clave. El cambio real viene de adentro. No basta con parecer bueno; tienes que serlo de verdad.** Pero eso implica revisarte seguido, ver qué te mueve realmente. **No pasa de la noche a la mañana; es cosa de cada día.**

—**Exacto, y eso los psicólogos lo tienen clarísimo: querer mejorar no es suficiente.** El cambio auténtico necesita esfuerzo y compromiso. **Y aunque a veces cueste, es la única forma de vivir en paz con uno mismo, sin tantas presiones de fuera.**

—**Mira, al final el verdadero reto es encontrar ese equilibrio entre lo que mostramos y lo que realmente somos, ¿no?** Vivimos en sociedad, claro, y siempre nos va a importar un poco lo que piensen los demás; eso es normal. **Pero no podemos dejar que eso sea lo que nos defina.**

—**Exacto. Si logramos que nuestras acciones vayan en línea con lo que de verdad sentimos y valoramos, ahí es donde encontramos una paz que no tiene nada que ver con la imagen que proyectamos. Es** algo mucho más profundo.

—**Totalmente. En un mundo donde las apariencias son casi todo, lo que de verdad vale la pena es construir una autenticidad que no dependa de lo que piensen los demás.** Cambiar para bien solo es posible cuando entendemos que ser genuinos no es una opción; es lo que realmente importa. **Nos hace bien a nosotros y a los que están cerca.**

—**Así es, Pepe. Al final, lo importante no es tanto cómo nos ven, sino cómo estamos con nosotros mismos.** Si ponemos la autenticidad por encima de la imagen, vivimos con más propósito. **Esa es la verdadera transformación.**

24 La lucha entre la naturaleza y el libre albedrío: el camino hacia el desarrollo personal

—**Mira, Pepe, llevamos toda la vida hablando de esto, ¿no?** De si somos como somos por cómo nacimos o por las decisiones que tomamos. **Al final, ¿qué crees que pesa más en quiénes somos? ¿Lo que traemos de nacimiento o lo que vamos eligiendo?**

—**Esa sí que es la gran pregunta, Raúl.** Claro, nacemos con ciertas cosas, algunas tendencias, pero lo que realmente importa es lo que hacemos con eso. **Algunos vienen con una inclinación amable, otros con más impulsos que tienen que aprender a controlar, pero lo que realmente nos define es si decidimos mejorar o quedarnos como estamos. Ahí está la verdadera libertad.**

—Exacto. **No es que lo que traemos de fábrica nos controle al cien, pero ahí está, y hay que aprender a manejarlo.** La libertad no es hacer lo que se nos antoja en cada momento, sino tener la capacidad de decidir, sobre todo cuando las cosas se ponen difíciles. **Esa pelea interna, esa es la que nos da sentido.**

—**Así mismo es. El verdadero crecimiento personal nunca pasa por el camino fácil.** Para mejorar de verdad hace falta esfuerzo, y ese esfuerzo viene de pelear con uno mismo, sobre todo cuando la cosa se pone fea, o cuando tú mismo eres tu peor obstáculo. **No es lo mismo hacer lo correcto porque es fácil que hacerlo cuando cuesta; ahí está el verdadero mérito, ¿no?**

—**Totalmente. Los que tienen esos retos internos grandes, o más obstáculos que otros, tienen una oportunidad especial para crecer.** Es como pelear contra algo en ti mismo y salir ganando. **Eso no solo te hace mejor persona, sino que te da una fuerza que no consigues de otra forma.** Y, mira, aunque el entorno y la educación importan mucho, al final el crecimiento es una elección propia. **Hay quienes crecen en ambientes súper buenos y piensan que no necesitan esforzarse mucho, pero, a veces, los que han pasado por cosas duras desarrollan una capacidad de superación que no tiene precio.**

—**Exacto. El verdadero crecimiento no depende tanto de dónde empiezas, sino de cuánto esfuerzo le pones a superar lo que te rodea.** Los que vienen de situaciones más complicadas tienen una lucha diferente, y el esfuerzo que hacen vale oro. **Y ojo, que el conformismo es un enemigo silencioso para los que la tienen más fácil.** A veces piensas que, porque te sale natural hacer las cosas bien, ya no necesitas esforzarte. **Pero si no te retas, si te conformas, nunca vas a alcanzar lo mejor de ti.**

—**Exacto. No podemos quedarnos en la zona cómoda.** Si no nos empujamos a cuestionarnos y a dar un paso más allá, nos quedamos en la superficie. **Crecer de verdad pide esfuerzo constante, salir de lo fácil y buscar una versión más auténtica de uno mismo.** Y para los que tienen inclinaciones más complicadas, vaya que tienen un camino interesante. **Luchar contra uno mismo, contra esos impulsos que a veces te desvían, es una de las peleas más duras, pero también una de las que más vale la pena.**

—**Sí, cada paso hacia lo que está bien, sobre todo cuando va en contra de lo que «naturalmente» te sale, tiene un valor tremendo.** No se trata de que salga bien a la primera, sino de seguir en la pelea, de no rendirse aunque todo se ponga en tu contra. **En ese esfuerzo está el verdadero sentido del crecimiento.** Al final, nuestra vida no se define solo por cómo nacimos o lo que nos tocó vivir. **Lo que importa es cómo usamos esa capacidad de decidir, cómo luchamos por mejorar y por superar nuestras propias limitaciones.**

25 El camino hacia un hogar pleno: transformar lo cotidiano en crecimiento espiritual

—**Te digo algo, Pepe, ¿te has puesto a pensar en lo que realmente significa el hogar?** Es mucho más que un techo y cuatro paredes, donde dormimos y ya. **Es el lugar donde de verdad pasa la vida, donde creamos nuestras relaciones, compartimos nuestras rutinas… donde todas esas emociones se mezclan y se construye algo único.**

—**Sí, totalmente. El hogar tiene un peso tremendo.** Es el lugar donde podemos crecer y darle sentido a lo que hacemos día a día. **No es solo cumplir con lo básico; es que cada cosa que hacemos ahí, cada gesto y cada conversación, sume al bienestar de todos los que vivimos ahí.**

—**Totalmente. Crear un hogar no es solo tener una familia o poner cosas bonitas.** Es todo un proceso de conocerse a uno mismo, de aprender a ser independiente, de encontrarle un sentido a la vida. **No son las cosas materiales las que le dan valor, sino los principios y valores que compartimos. Es lo que hace que el lugar**

tenga alma. Es un espacio donde todos podemos crecer, para que cada uno sea un poquito mejor cada día.

—**Tal cual. Crear un hogar va mucho más allá de lo que tienes.** Es dedicarte a construir un ambiente donde todos puedan desarrollarse de verdad. **Es algo constante, y va mucho más profundo de lo que se ve.**

—**Para mí, el hogar es como un puente, algo que conecta la rutina diaria con algo más grande, algo con propósito.** Hoy en día, nos la pasamos buscando sentido en el trabajo, en los hobbies… **Pero ¿y en casa? La vida de todos los días, en realidad, es donde podemos encontrar el verdadero sentido, ¿no?**

—**Sí, el hogar puede ser mucho más que solo un lugar para descansar.** Compartir una comida, relajarse después de un día pesado, disfrutar de la familia… **Cuando lo haces con intención, te conecta con algo más grande.**

—**Exacto, es como un recordatorio de que no necesitas hacer cosas extraordinarias para sentirte en paz.** Solo estar ahí, en las cosas simples del día a día, ya es suficiente para sentirte bien.

—**Tal cual. A veces estamos tan enfocados en logros externos, en lo que se ve, que nos olvidamos de que el crecimiento personal empieza en casa, en lo privado.** Cocinar, charlar, descansar… **son esas cosas simples de cada día donde podemos ser realmente nosotros mismos.**

—**Así es, Pepe. En el hogar es donde más auténticos somos, donde no hay máscaras ni apariencias.** Lo cotidiano se vuelve especial, porque es ahí donde enfrentamos nuestras emociones y donde trabajamos las relaciones más importantes.

—**Sí, me gusta pensar en el hogar como ese puente entre la rutina diaria y lo que realmente importa en la vida.** Comer, descansar, estar con la familia… **son cosas simples, pero cuando las haces con intención, se vuelven algo mucho más profundo.**

—**Tal cual, no se trata de dejar de disfrutar lo cotidiano, sino de darle un sentido mayor.**

—**Sí, justo. Las batallas más grandes, las internas, se dan en casa.** Es donde realmente te retas, donde lidias con lo que sientes y donde puedes crecer de verdad. **No es solo hacer las tareas diarias, es una oportunidad de hacer que lo ordinario sea algo que te haga mejor.** Hasta descansar, cuando lo haces con propósito, se convierte en una oportunidad para recargar energías, para pensar. **Esos detalles pequeños también cuentan y te ayudan a avanzar.**

—**Es fácil proyectar una imagen en el trabajo o con amigos, pero en el hogar es donde realmente mostramos quiénes somos, en esas interacciones diarias con los que están más cerca.**

—Ese es el verdadero reto: que lo que decimos ser se vea en lo que hacemos en casa, en cómo tratamos a los demás y en la manera en que vivimos nuestros valores.

—Y fíjate, el verdadero carácter de alguien no se mide solo por sus logros públicos, sino por cómo actúa en su vida privada, en casa. Construir un hogar con integridad y coherencia lleva esfuerzo, pero es ahí donde realmente conocemos quiénes somos.

—Así es, Raúl. Es como esa imagen de una escalera que subimos cada día. El hogar es el espacio donde le podemos dar un propósito más profundo a cada cosa que hacemos. Desde los gestos pequeños hasta las decisiones grandes, todo importa.

—Al final, el hogar no es solo un refugio; es el lugar donde nuestras aspiraciones más grandes se vuelven reales. A través de lo que hacemos cada día, tenemos la oportunidad de conectar lo cotidiano con algo más profundo. Así es como podemos vivir una vida plena, donde cada cosa que hacemos, por pequeña que sea, tiene su propósito.

26 El poder del cambio interior: la influencia de nuestra transformación interna en nuestras relaciones

—A ver, Pepe, **¿te has dado cuenta de cómo cambia la relación con alguien cuando uno hace un cambio interno?** Es algo que pasa muchísimo. Puedes estar en conflicto, con malentendidos y rencores, pero basta con que cambies tu forma de verlo y, de repente, las cosas empiezan a mejorar.

—Es cierto, Raúl. Y lo más interesante es que a veces ni siquiera hace falta decir nada. Es como si, solo con cambiar tu actitud, todo tomara otro rumbo. Ahí está el punto: tú decides si te quedas atrapado en el resentimiento o das un paso para ver las cosas con otros ojos. Ese cambio surge desde el interior hacia el exterior, y de repente todo se manifiesta en lo que sucede en el entorno.

—Mira, imagínate que te encuentras con esa persona con la que llevas años de roces. Podrías ir con miedo, esperando que todo termine en un choque, pero si llegas tranquilo, hasta con un poco de empatía, parece que la tensión se desactiva. **Es casi como apagar una bomba antes de que explote.**

—Exacto. Y fíjate que, al final, nuestras actitudes pesan mucho más que lo que podamos decir. **Cuando decides actuar desde la empatía en vez de arrastrar el rencor, es como quitarse un peso de encima.** Hasta el ambiente cambia, ¿sabes? Lo notas, y lo notan.

—Claro, porque ese cambio empieza cuando dejas de pensar solo en lo que tú sientes y te abres a ver más allá. Y ojo, **no se trata de justificar lo que te hicieron,** pero sí de intentar entender qué puede haber detrás de esas actitudes. Es como un pequeño ejercicio de empatía, de tratar de ver al otro con un poco más de compasión.

—Ahí está. Porque no son los detalles ni los gestos superficiales lo que realmente transforma las relaciones. **Es cuando cambias genuinamente cómo te sientes hacia la otra persona que todo se vuelve más auténtico.** Y ahí es donde empieza la verdadera mejora.

—Totalmente. Y escucha esto: **las emociones son como un espejo.** Si llegas con rabia o enojo, casi siempre te van a responder igual. Pero si te acercas con respeto, con calma, es como si la otra persona lo sintiera de inmediato. Su respuesta cambia, y muchas veces de manera sorprendente.

—Sí, sí. Eso lo ves en todas partes, pero especialmente en la familia. **Cuando un papá ve lo mejor en sus hijos, eso se refleja en cómo ellos responden.** Pero si solo se enfoca en lo malo o deja que la frustración lo domine, se crea un círculo vicioso. Y salir de ahí puede ser muy complicado.

—Lo mismo pasa en las parejas. **Si dejas que el resentimiento se acumule, aunque lo escondas, eso se siente**. Y, poco a poco, va desgastando todo. A veces basta con dar un paso atrás, recordar qué fue lo que te unió a esa persona y enfocarte en lo bueno. No es sencillo, pero te digo que vale la pena.

—Y ¿sabes qué es lo más curioso? Este tipo de cambio ni siquiera necesita palabras. **La gente lo capta, aunque no digas nada**. Cuando de verdad cambias cómo te sientes hacia alguien, eso se nota. Es como si el poder de la intención fuera algo real, y no solo una idea bonita.

—Tal cual, es casi mágico. Cuando hay comprensión y respeto genuino, eso trasciende cualquier palabra. Puedes decir mil cosas bonitas, pero si no lo sientes de verdad, el efecto no será el mismo. **Las emociones auténticas tienen un poder transformador** que va mucho más allá de cualquier discurso. Y ahí está la clave. No siempre podemos cambiar cómo actúan los demás, pero siempre podemos elegir cómo nos sentimos hacia ellos. Ese es un poder que siempre tenemos, aunque a veces no lo parezca.

—Exactamente, Raúl. **Si empezamos con una actitud de empatía y comprensión, la gente a nuestro alrededor lo siente**. Muchas veces terminan respondiendo igual. Al final, cualquier cambio en una relación siempre empieza dentro de uno. Y no solo mejora nuestras relaciones… nos mejora a nosotros mismos.

27 La compleja naturaleza de la envidia: una guía para el crecimiento personal

—Dime, Pepe, ¿te has puesto a pensar en la envidia? **Esa emoción que todos criticamos, pero que, siendo sinceros, todos sentimos en algún momento.** Desde tiempos de Adán y Eva anda dando vueltas. Es rara, ¿no? Fea, sí, pero si sabes manejarla, hasta puede tener su lado bueno.

—Por supuesto, Raúl. La envidia es como un cuchillo: tiene la capacidad de cortarte o ayudarte a cortar lo que necesites. Mira, en la familia sucede cuando sientes que existen «preferidos». **Esa percepción de que alguien más obtiene lo que piensas que te corresponde.** Y ahí surge el resentimiento, ya que no es que tengas odio hacia el otro, sino que sientes que te están excluyendo.

—Sí, y lo más grave es que no lo expresas de manera franca, pero lo experimentas. **Es similar a una rivalidad silente por amor o reconocimiento.** Y lo peor es que parece tan justo… porque lo que quieres no es algo malo, solo algo que crees que te corresponde.

—Tal cual. Pero fíjate en esto: **la envidia no nace del odio, sino de un deseo profundo de justicia, de equilibrio**. Es como una alarma interna que te dice: «esto no está parejo». Y si no sabes manejarla, empieza a crecer como una bola de nieve.

—Eso es. Y lo peor es que no solo pasa en la familia. **En el trabajo, en cualquier lugar donde haya competencia, la envidia prende rápido**. Si una persona percibe que otro posee más oportunidades o beneficios, puf, se lanza. Es como si existiera un temor a desvanecerse, a perder relevancia.

—Definitivamente. Esa sensación de ser desplazado o de que otra persona tiene algo que tú anhelas… Uf, eso puede provocar malentendidos. Pero ¿sabes qué? No toda envidia resulta dañina. En ocasiones, cuando observas a alguien alcanzar algo que también deseas, eso puede motivarte a progresar. **No es tu intención quitarle lo que tiene, sino afirmar que tú también puedes alcanzar ese punto.**

—Eso es clave, Raúl. **Hay una envidia saludable, si la sabes gestionar**. Esa que nace de la admiración o del deseo de crecer. Sin embargo, si te centras únicamente en las cualidades del otro, sin esforzarte, se transforma en resentimiento. Y eso no conduce a nada beneficioso.

»Y es una línea súper delgada, ¿no crees? **La envidia correctamente gestionada puede convertirse en un**

estímulo que te impulse a progresar. Si ves a alguien logrando lo que tú también quieres, puede inspirarte. **Sin embargo, si permites que esa chispa se transforme en un fuego sin control, acabas enfrentándote de manera desleal o experimentando un rencor que no te deja descansar.**

—Exacto, Pepe. **La envidia, en el fondo, es una señal** que te dice: «esto es algo que deseo». Y si la empleas correctamente, puede contribuir a centrarte en tu crecimiento. **Sin embargo, si no la manejas, se transforma en un peso que solo te agota y te detiene.**

—Sí, y algo importante es entender que **la envidia surge cuando percibimos un desequilibrio, cuando creemos que nos falta algo**. Pero, en lugar de quedarnos atrapados ahí, tenemos que mirar hacia adentro y preguntarnos: «¿qué es lo que realmente quiero?». Eso es lo que marca la diferencia.

—Tal cual. **Al final, todo se trata de enfocarte en lo tuyo, en crecer sin estar midiéndote con los demás**. Usar esa envidia como un recordatorio de tus deseos, pero sin dejar que te consuma. Esa es la clave.

28 El cambio como clave para el desarrollo humano

—Hola, Pepe, **¿te has percatado de que la vida no cesa de situarnos en circunstancias que nos exigen cambiar?** A veces lo vemos venir, pero en otras ocasiones nos impacta de pronto. Y, a pesar del temor, es en esos instantes cuando uno comienza a conocerse a sí mismo.

—Por supuesto, Raúl. Pero ¿sabes qué? El verdadero cambio no surge de lo que sucede en tu entorno, sino de lo que optas por hacer con ello. Puedes mantenerte a la espera de que las cosas mejoren por sí solas, pero **nada evoluciona verdaderamente hasta que asumes el control**. Es como si el motor estuviera en ti mismo.

—Exacto. Es como estar en un cuarto oscuro: basta con encender una vela para que todo se vea diferente. No hace falta iluminarlo todo de golpe; solo dar el primer paso, encender esa luz. Y lo interesante es que **esa chispa siempre viene de una decisión interna**.

—Nosotros somos capaces de ir en contra de lo que parece inevitable. **A diferencia de todo lo demás en la naturaleza, podemos elegir, y eso nos hace únicos.** Afirmar: «hoy voy a comportarme de manera diferente, aunque sea complicado» ya constituye un acto de libertad.

—Y ahí está la magia, Pepe. **Cada vez que decides no dejarte llevar por tus impulsos o por lo que parece más fácil, estás rompiendo con lo que parecía escrito.** Es como decir: «no soy solo lo que me pasa; soy lo que hago con ello». Esa es una de las cosas más humanas que existen.

—No obstante, Raúl, no es sencillo. Frente a uno mismo, frente a los temores, la comodidad o las incertidumbres, eso demanda una gran fuerza de voluntad. **Es como prender esa vela en la noche más oscura: parece poco, pero cambia todo el panorama.**

—Totalmente. Y tampoco se trata de querer cambiar el mundo entero de una vez. **Es ir paso a paso, sin prisa, pero sin pausa.** Un pie delante del otro, y, de repente, te das cuenta de que el camino ya no está tan oscuro. Esa habilidad para dar pasos, para tomar decisiones, es algo singular. No somos bloques que únicamente se desplazan si alguien los impulsa. **Podemos elegir a dónde ir y cómo responder a lo que nos sucede.** Esa libertad no solo es un obsequio, sino también una responsabilidad.

—Es cierto, porque cuando eliges, también estás decidiendo el impacto de esas decisiones. No solo te afectan a ti; siempre tienen eco en quienes te rodean. Por lo tanto, **el cambio no es algo que se realiza una vez y ya está. Es una senda constante.**

—Y, a menudo, el aspecto más resistente del cambio es el interno. **Es confrontar lo que te limita: temores,**

inseguridades, antiguas creencias. Es un trabajo ininterrumpido, pero también es el que brinda mayor satisfacción.

—Por supuesto. En esas batallas internas es donde te defines. Cada reto te obliga a reflexionar y preguntarte: «**¿qué es lo que realmente quiero? ¿Qué vale la pena?**». Y esos cuestionamientos, aunque incómodos, son los que te impulsan a crecer.

—El proceso de transformación comienza ahí, dentro. Cada elección que hacemos representa una oportunidad para demostrar que somos más fuertes de lo que creemos. Es como esa luz vespertina: **no solo ilumina tu camino, sino que también puede guiar a los demás**.

—Es cierto, Raúl. El cambio no es un asunto exclusivo de unos pocos. Es algo que todos podemos hacer día a día. **Solo debemos confiar en nuestra capacidad para empezar, aunque sea con algo pequeño, y hacerlo con intención**.

29 La lucha diaria: cómo superar los desafíos constantes en la vida

—Mira, ¿sabes? **Los retos en la vida no son como esas cosas que pasan de vez en cuando.** Son como batallas que van y vienen, y al final nos moldean, **como si fueran un cincel dando forma a nuestro carácter,** ¿no crees?

—Totalmente. Me recuerda a la historia de Yosef y sus hermanos. Esa historia tiene de todo: traiciones, perdón y un montón de momentos que, aunque ocurrieron hace siglos, aplican perfecto a la vida de hoy. **Es como un recordatorio de lo que significa realmente el perdón y cómo manejar esas tentaciones y luchas internas del día a día.**

—Sí, porque fíjate, cuando Yosef se reencuentra con sus hermanos después de todo lo que le hicieron, en lugar de buscar venganza, los perdona. Ese momento no es solo un acto de bondad; **es una manera de liberarse.** Perdonar es como cortar una cadena que nos tiene atados al pasado, ¿no te parece?

—Exacto. **El perdón es ese momento que te libera, que te deja en paz para seguir adelante sin cargar el resentimiento.** Pero el perdón es una cosa de una vez, un acto que se decide y se hace. Muy diferente de las tentaciones de todos los días; esas son las que uno tiene que estar aguantando, porque vuelven y vuelven.

—Ahí le diste al clavo. **Resistir una tentación es una batalla que no termina con una sola decisión.** Como en la historia de Yosef con la esposa de Potifar: eso no es un «no» y ya, es un «no» diario, repetitivo, porque la tentación sigue presente. **Esa lucha de cada día es la que te pone a prueba de verdad.**

—Es cierto. Ahí no basta solo con tener fuerza de voluntad una vez. **Tienes que trabajar en mantener la disciplina y el autocontrol.** La clave está en ser constante, en no ceder y en desarrollar buenos hábitos para ir desactivando esos impulsos que nos desvían.

—Y eso de enfrentarse a lo mismo todos los días no es fácil, pero hay formas de hacer que ese camino sea menos pesado. **Una estrategia es reconocer nuestras debilidades sin castigarnos por ellas.** No siempre podemos deshacernos de lo que nos hace vulnerables, pero sí podemos aprender a que nos afecte menos.

—Totalmente de acuerdo. También sirve mucho cambiar el entorno. **Si sabes que hay algo que siempre te tienta, a veces basta con ajustar el entorno para reducir esas situaciones.** A veces, con cambiar algo en tu rutina o en el lugar donde estás, ya mejoras la manera en que respondes.

—Claro, y si no puedes cambiar el entorno, siempre está el ingenio para buscar soluciones creativas. **A veces, con**

solo ajustar un poco la forma en que haces las cosas, puedes manejar mejor las tentaciones. No siempre es un cambio radical; a veces, son esos pequeños ajustes los que marcan la diferencia.

—Fíjate, muchas veces lo mejor es combinar lo interno con lo externo. La neurociencia dice que, **cuando repetimos un comportamiento, el cerebro se adapta y crea nuevas conexiones**. Es decir, mientras más trabajas en ti mismo y en tus hábitos, más natural se vuelve enfrentar esos desafíos diarios.

—Ahora, también hay veces en que no puedes cambiar el entorno, ni un poquito. Piensa en el trabajo o en una situación familiar difícil. Ahí no queda de otra más que enfocarse en el cambio interno, en aprender a regular tus reacciones. **Esa resiliencia emocional es clave para no dejarte llevar por el estrés o el cansancio.**

—Es que **la verdadera fuerza no se mide por ganar una sola vez, sino por tener la capacidad de enfrentarse a lo mismo una y otra vez**. Es esa constancia, esos pequeños actos diarios de resistencia y autocontrol, los que realmente nos van definiendo como personas.

—Así es. Al final, no es un solo triunfo el que nos cambia, sino la capacidad de persistir, de seguir ahí, enfrentando esos retos y trabajando en nosotros mismos todos los días.

30 El valor de la incomodidad: sobre el confort, la resiliencia y el verdadero bienestar

—**¿Te has dado cuenta de que cada vez que se cierra una etapa importante en la vida, nos da por detenernos a pensar en todo?** Es como si el final nos regalara un momento para hacer balance, para revisar lo que aprendimos y lo que vivimos.

—Es verdad. Y, en esos momentos, uno se pregunta: «**¿de verdad he aprendido a enfrentar las cosas como son?**». Nos han metido tanto en la cabeza que tranquilidad es igual a no tener problemas, que se nos olvida que **la verdadera paz está en aprender a manejarlos, no en evitarlos**.

—Sí, y parece que hoy la comodidad es la respuesta a todo. Nos dicen: «ten el trabajo perfecto, la casa ideal, los mejores servicios, y serás feliz». Pero ¿sabes qué? No funciona así. La verdadera paz no viene de que todo esté en orden a nuestro alrededor, sino de esa fuerza interna que nos permite que lo externo no nos mueva tanto.

—Ahí está el punto. **Cuanto más dependemos de que todo esté cómodo y sin complicaciones, más frágiles**

nos hacemos. Al final, no es el tamaño del problema lo que nos afecta, sino nuestra poca tolerancia a cualquier incomodidad.

—Totalmente. Y fíjate que en psicología se habla de la **resiliencia: esa capacidad de adaptarse a lo que venga sin perder la calma**. No es que subestimes los retos, sino que aprendes a gestionarlos, sin que te perturben. Esto es lo que te hace menos susceptible y más sólido frente a los efectos de la vida.

—Definitivamente. No obstante, considera que estamos tan inmersos en comodidades que **cualquier obstáculo nos perturba**. Todo tan accesible, todo tan sencillo y veloz, parece que hemos perdido la habilidad para enfrentar los pequeños retos que siempre surgen.

—Estoy de acuerdo. **La comodidad es excelente, sin embargo, si nos vuelve excesivamente dependientes de ella, nos volvemos incapacitados para gestionar los picos y desplomes habituales de la vida**. A largo plazo, eso no nos beneficia; nos desgastará.

—Entonces, ¿qué hacemos? ¿Renunciamos a todas las comodidades? No tiene sentido. **El truco está en encontrar un equilibrio: disfrutar de lo que tenemos sin convertirnos en esclavos de ello**. Hacer preguntas simples, como: «¿esto realmente me da paz o solo estoy persiguiendo una idea que no me llena?».

—Eso. Frecuentemente, la presión social nos motiva a anhelar más y más, como si esa fuera la ecuación para la felicidad. No obstante, al considerar lo que verdaderamente requieres, te das cuenta de que **la mayoría de tus esfuerzos se enfocan en cumplir con las expectativas de terceros, no en cubrir tus propias necesidades**. En última instancia, la auténtica fortaleza reside en aprender a manejar los obstáculos, como si fuera un músculo en formación. Aunque no lo busquemos, **la incomodidad representa una oportunidad para evolucionar**. No es cuestión de escapar de ella, sino de coexistir con ella y extraer lo mejor de nosotros mismos.

—Precisamente. **Si prescindimos de todo lo incómodo, nos tornamos vulnerables**. Reconocer que la incomodidad es un componente esencial de la vida nos fortalece. No se trata de buscar dificultades, pero tampoco de huir cuando surgen.

—Es verdad. La auténtica alegría no reside en erradicar los conflictos, sino en cultivar una mente y un corazón capaces de afrontarlos. La paz no surge de un mundo idealizado, sino de acoger la vida tal cual es, con sus fluctuaciones, y aprender de ellas.

—Amén a eso, Raúl. **La verdadera tranquilidad reside en la fortaleza interna que edificamos para afrontar lo que se presente, sin desviarnos de la dirección**.

31 El poder de la tolerancia: clave para superar las adversidades

—Mira, Raúl, a lo largo de la vida todos hemos pasado por momentos en que las cosas se ponen cuesta arriba, ¿no? Esos días en los que parece que no hay salida, aunque esté justo enfrente. **Las emociones a veces nos juegan tan en contra que nos ciegan, y entre la desesperación y el agotamiento, nos olvidamos de buscar soluciones reales**.

—Concuerdo totalmente. **Y es interesante, ya que a medida que más requerimos una salida, más nos bloqueamos emocionalmente**. La mente permanece en un círculo, similar a estar encerrados en una celda, aunque la puerta esté abierta. Esto nos sucede frecuentemente: en las relaciones, en el trabajo, en cualquier situación que nos ponga un poco en juego. **Nos enfocamos tanto en el problema que perdemos la oportunidad de contemplar más allá.**

—Es verdad. **El secreto para liberarse de ese bloqueo no es claudicar ni tampoco desesperarse**, es fomentar la tolerancia, esa paciencia tranquila que te facilita observar las situaciones con serenidad. A veces pensamos que la salida es pelear o resistirse, pero lo que hace falta es aguantar con la mente en paz para ver las cosas con claridad.

—Es que **la tolerancia te permite tomarte un respiro; te ayuda a ver opciones**. Si te obsesionas con el problema, pierdes perspectiva y te ahogas en un vaso de agua. Y mira, cuántas veces hemos hablado de esto: **no se trata de ignorar los problemas, sino de aprender a convivir con ellos sin que nos arrebaten la paz**. Al realizar esto, te tornas menos reactivo y mucho más estable.

—Sí, **y el confort también puede representar un peligro**. Actualmente nos encontramos en una era en la que todo está al alcance y parece que todo debería ser simple. Así que, cuando algo nos molesta, perdemos la estabilidad. La comodidad es buena, pero la dependencia de ella nos hace débiles. Nos volvemos menos capaces de manejar la adversidad, ¿no crees?

—Ahí diste en el blanco. Y fíjate que **encontrar ese equilibrio entre la desesperación y la resignación es una de las tareas más complicadas**. No puedes rendirte, pero tampoco te puedes desgastar luchando contra la corriente todo el tiempo. **La clave está en aceptar la situación tal cual es, pero sin renunciar a la esperanza de que va a mejorar**.

—Así es. Pero, mira, ese equilibrio emocional no aparece de la nada. **Hay que trabajarlo cada día; empezar por los pequeños retos del día a día**. Practicamos la tolerancia con cosas más sencillas: una discusión en el trabajo, un malentendido en casa, esas pequeñas frustraciones diarias.

Ahí es donde fortaleces la paciencia y te preparas para cosas más grandes.

—Tal cual. Y **cambiar el diálogo interno es fundamental**. En lugar de decirte «esto es imposible», puedes decir «esto es difícil, pero puedo con ello». A veces basta con suavizar un poco el tono para reducir la ansiedad. **Con el tiempo, eso te ayuda a enfrentar desafíos mayores sin perder la calma**.

—Y te digo algo, **el exceso de ocupación también es un gran enemigo**. Vamos de actividad en actividad, distraídos, ocupados hasta el tope, y nunca nos damos un espacio para reflexionar o mirar las cosas con calma. **Nos dejamos llevar por el ruido y perdemos de vista lo que realmente necesita nuestra atención**.

—Seguro. A veces, **el mayor obstáculo es nuestra incapacidad de hacer una pausa y aceptar que no todo está bajo nuestro control**. Ahí entra la humildad, esa capacidad de reconocer nuestras limitaciones. A veces nos creemos capaces de controlar todo, y cuando no lo logramos, nos frustramos. **La humildad nos ayuda a aceptar que algunas cosas requieren tiempo y paciencia**. La humildad, Pepe, **es admitir que no siempre podemos resolver todo en un instante y que no todo está en nuestras manos**. Esa modestia y la perseverancia son fundamentales para superar las dificultades. En última instancia, la paz y la serenidad no provienen de un mundo libre de dificultades, sino de aprender a manejar lo que la vida nos presenta, con tranquilidad y con optimismo.

32 La educación como legado: la responsabilidad de transmitir el conocimiento

—Mira, Raúl, la enseñanza siempre ha trascendido el simple aprendizaje de habilidades fundamentales como leer o redactar. Es esa conexión que une a varias generaciones con otras. Es similar a un patrimonio que no puedes preservar únicamente para ti. **Cada generación tiene el deber de transmitir algo de valor a la siguiente**, mucho más allá de los números o los aniversarios de la historia.

—Sí, exacto. Y es que **la educación no debería ser solo acumular conocimiento por acumular**. Debería preparar a los jóvenes para que algún día ellos también puedan enseñar. Porque, si no hacemos eso, si no formamos personas que quieran compartir lo que saben, al final se rompe todo. **Sin esa cadena, no se puede continuar progresando como comunidad**.

—Es similar a un río que se desplaza, ¿verdad? De padres a hijos, de profesores a alumnos. Claro, existen aspectos que puedes aprender únicamente con la experiencia, pero también existen valores y principios que requieren que alguien te instruya. **Porque ¿qué sucedería si cada**

generación debiera comenzar desde el inicio? Acabaríamos perdiendo todo: nuestra historia, nuestra identidad, todo lo que nos unifica como comunidad.

—Tal cual. Por eso es tan importante valorar y respetar a quienes nos enseñan. No es solo cuestión de agradecimiento. Es comprender que ellos constituyen el enlace entre lo que sucedió y lo que está por venir. Y, ¿comprendes? **Ese respeto no solo se dirige a los individuos, sino también a lo que simbolizan.** Esa vinculación es lo que nos sostiene en constante desarrollo como sociedad.

—Sí. Y algo que en ocasiones se pasa por alto es que **la educación no solo es para el beneficio del individuo que aprende.** También es preparar a alguien para que, en su momento, pueda guiar a otros. **Si solo nos enfocamos en formar personas para que «les vaya bien», estamos pensando demasiado en lo individual.** Lo que de verdad importa es formar personas que usen lo que saben para ser agentes de cambio.

—Claro. Y lo mejor de todo es que no necesitas ser maestro para educar. Todos tenemos la oportunidad de enseñar algo. Como padre, amigo, compañero… **siempre hay un momento en el que puedes influir positivamente en alguien.** Y en este momento, más que nunca, con tantas distracciones y tanto ruido, es cuando más requerimos que esos valores esenciales permanezcan en vigor.

—Es verdad. Además, **la enseñanza también te cambia**. Cuanto más divulgas tus conocimientos, más lo comprendes y te vinculas con ello. Es fascinante cómo, al impartir conocimientos, no solo contribuyes a los demás, sino que también fortaleces tus propios principios. Parece que te desarrollas a medida que das.

—Sí, y **lo bueno es que no tienes que ser perfecto para enseñar**. Nadie lo es. En ocasiones, simplemente el deseo de contribuir ya basta. A pesar de tener tus propias dificultades, puedes aplicar tus vivencias para que otros adquieran conocimientos. Considera a un padre que está batallando con sus propias dificultades. A pesar de todo, puede enseñar a su hijo lo que es correcto, lo que verdaderamente tiene importancia.

—Cierto. No implica ser perfectos, sino ser genuinos. Cuando impartes conocimientos desde esa honestidad, no solo beneficias a los demás, sino que también te asistes a ti mismo en tu crecimiento. **Es una senda en la que todos nos encontramos unidos**.

—En este mundo tan rápido y repleto de distracciones, **lo que realmente requerimos no es simplemente instruir a comportarse correctamente o a ser «correctos»**. Lo que se necesita son individuos con grandes ideales, capaces de ver más allá de sí mismos. Ya que cuando posees un objetivo más elevado que tú, resulta mucho más sencillo resistir las tentaciones y no permitirte ser atrapado por lo que no tiene valor.

—Eso. Necesitamos más gente que entienda que es parte de algo más grande, de un legado. La educación no se trata solo de mejorar como persona. **Es ayudar a los demás a mejorar también**. Porque cuando compartes lo que sabes, **no solo haces que los demás crezcan, también te fortaleces a ti mismo.**

—Así es. **Al final, la educación es eso: crecer al dar, influir mientras aprendes y asegurarte de que lo que importa siga pasando de generación en generación**. Es, sin duda, el mejor legado que podemos dejar.

33 El camino interno: reflexiones sobre el Ser y el proceso de cambio personal

—**Conocerse a uno mismo no se trata solo de mirarse al espejo y decir «me entiendo».** Es un proceso mucho más profundo, casi como quitar las capas de lo que creemos ser, hasta llegar al fondo de lo que realmente importa: esos valores que a veces ni sabemos que tenemos.

—¡Exactamente, Pepe! No se trata de «voy a comportarme correctamente» desde el inicio. **Es más bien cuestionarte desde el corazón y la cabeza, ver qué hay detrás de nuestras acciones y qué es lo que realmente queremos**... Porque ahí está el núcleo de todo: el cambio verdadero comienza dentro de nosotros, en lo que sentimos y pensamos, y eso se refleja en cómo tratamos a los demás y en lo que dejamos tras de nosotros.

—Y eso, Raúl, también está muy relacionado con liderar, ¿no crees? Liderar no es solo decirle a los demás qué hacer o cómo cambiar. Es algo más profundo: saber cuándo delegar, cuándo confiar y entender que no puedes con todo tú solo. El verdadero cambio en un equipo o una familia sucede cuando confías en los demás para crecer juntos. **Liderar no** es imponer un camino. **Es darles claridad para que cada uno encuentre el valor en lo que hace.**

—Tal cual, Pepe. Es como enseñar, pero hacerlo de una forma que los demás sientan que el camino es suyo, no impuesto. **Y *camino* es una palabra perfecta para esto, porque no es una lista de pasos ni un manual.** Es un modo de ser y de vivir que está en sintonía con lo que de verdad importa para cada persona. **Esa idea del «camino» es, en realidad, una invitación a vivir con autenticidad, a actuar desde nuestra esencia.**

—**Y parte de ese camino, Raúl, como mencionas, es aprender a domar esos deseos y esas ganas de tener o ser lo que vemos en otros.** Porque, a ver, la sociedad puede decirnos qué está bien o mal, pero solo nosotros sabemos lo que llevamos dentro: esos deseos, esa envidia que a veces nos detiene. Dejar ir eso, aprender a no vivir deseando lo de los demás, es una liberación inmensa…

—Totalmente, Pepe. Pero es un trabajo diario, constante. **No se trata solo de seguir las normas que nos han enseñado.** Porque ya sabemos que cumplir reglas sin un cambio interno no nos lleva a ningún lado. Te desconectas, actúas por inercia. Y eso se nota, tanto en nuestras relaciones como en nuestra paz interior. **La verdadera transformación ocurre cuando todo lo que pensamos, sentimos y hacemos está en equilibrio.**

—**Eso es justamente lo que la educación también debería reflejar**, ¿no crees, Raúl? Ayudar a cada persona a descubrir su propio camino, en lugar de asignarles una misma trayectoria a todos. **Cada uno tiene su estilo, su potencial único.** Forzar a alguien a seguir un camino que no le corresponde es como pedirle a un pez que trepe un árbol. Mejor dejarlos ser quienes son, y guiarlos para que encuentren lo que realmente los motiva.

—Sí, Pepe, **y esto también se aplica a la manera en que abordamos nuestros retos y dificultades internas.** Convertir algo que inicialmente nos molesta o nos parece complicado en algo que podamos valorar y modificar. Es similar a aprender a apreciar algo que al comienzo no parecía tan placentero. En lo complicado, es donde se puede descubrir mucho. **Cuando consigues vincular lo que realmente necesitas hacer con lo que realmente te impulsa, el procedimiento se torna mucho más sencillo, incluso ameno.**

—**La meta del cambio, Raúl, no es solo «hacer las cosas bien».** Es necesario alcanzar un grado donde nuestras acciones reflejen lo que llevamos dentro. Que nuestras metas y nuestras acciones estén en armonía. Ese es el auténtico desarrollo. Claro que no es sencillo, pero cuando lo logras, las acciones dejan de ser una obligación y se convierten en una expresión natural de quién eres.

—Sí, Pepe, porque **en el fondo, lo que buscamos es vivir con plenitud y paz interior.** No es solo «cumplir» con lo que otros esperan de nosotros, sino sentir que todo lo que hacemos está en sintonía con quienes realmente somos. Y ahí, en esa conexión, es donde encontramos la verdadera libertad.

34 Crecimiento personal en la vida cotidiana: el poder de los pequeños pasos

—Mira, Raúl, cuando hablamos de crecimiento personal, no estamos hablando de algo complicado o fuera de alcance, como cambiar el mundo entero de un día para otro. **El crecimiento de verdad se ve en las cosas chiquitas que hacemos todos los días**: en cómo tratamos a la gente, en cómo manejamos nuestras emociones y en ese empujoncito constante por ser mejores, aunque no siempre salga perfecto.

—Exacto, Pepe. **No se trata de grandes aspiraciones que parecen de película**. Es lo de todos los días, esas cosas que parecen insignificantes, pero que suman muchísimo. **Hasta en cumplir con nuestras responsabilidades o en tratar a otros con respeto estamos mejorando**. Y no es solo porque «así debe ser», sino porque cada una de esas pequeñas acciones nos moldea por dentro. A veces creemos que ser buenos es algo que podemos deducir con lógica, pero la verdad es que **necesitamos principios**, reglas externas que nos guíen, porque, bueno, las emociones a veces nublan el juicio, ¿no?

—Totalmente, Raúl. Uno sabe que algo está mal, pero luego llega el enojo o la envidia y, ¡zas!, todo se vuelve más complicado. Ahí es cuando **los principios, esas reglas externas, son como un recordatorio constante**. No están ahí solo porque sí; están para ayudarnos a ver más claro y a ir más allá de lo que nos sale natural. Porque sí, sabemos que el enojo no sirve para mucho, pero ¿a poco no a veces se nos sale?

—Justo, Pepe. Y eso pasa porque tenemos nuestros hábitos y costumbres. **Nos vamos en automático, y a veces ni nos damos cuenta de que actuamos con el piloto puesto**. Es como cuando un juez recibe un «soborno mental», ya sabes, esos momentos donde te convences de que tienes razón solo porque te conviene. **Es un autoengaño que, de alguna manera, todos vivimos**. Es tan fácil engañarse y pensar que estamos siendo justos cuando, en realidad, es solo que nos estamos dando por nuestro lado.

—Es como si la mente misma se nublara, ¿no, Raúl? Y para eso es importante tener claridad, un marco que funcione como una linterna en medio de esa oscuridad. No se trata solo de tener buenas intenciones; **necesitamos una estructura que nos recuerde que podemos ir más allá de nuestras limitaciones**.

—Sí, Pepe, porque el cambio real no llega de la comodidad. Es como todo en la vida: **los mayores logros suelen surgir de la presión**, de cuando uno siente que el cambio es algo necesario. **Y el crecimiento personal**

funciona igual: no lo hacemos solo por lo bonito que suena; lo hacemos porque sentimos que necesitamos mejorar.

—Y a veces parece que los resultados no llegan, Raúl, pero eso no significa que el esfuerzo no valga la pena. **No es posible enfocarnos únicamente en lo palpable, en lo instantáneo.** La importancia radica en el proceso, en el esfuerzo constante. **Esa es la misión, y si estamos en el camino, ya estamos creciendo.**

—Justamente, Pepe. A veces no vemos los resultados, pero el hecho de intentarlo, **de ponernos a prueba y trabajar en nuestras emociones y en ser un poquito mejor cada día, ya es un avance.** El esfuerzo de cada día tiene un valor por sí mismo.

—Es como un compromiso con nosotros mismos, ¿no, Raúl? Mejorar no es una opción; es casi un deber. Es hacer nuestra parte, no solo por nosotros, sino por la gente que tenemos alrededor. Aunque las costumbres y hábitos nos quieran jalar para otro lado, **si tenemos una dirección clara y entendemos que el esfuerzo vale, eso ya ilumina el camino.**

—Y al final, Pepe, **ese esfuerzo y esa voluntad de mejorar no son solo metas personales; son parte de lo que vinimos a hacer aquí.** Mejorarnos a nosotros mismos, de verdad, es como una misión.

35 La lucha entre el sentido y el nihilismo

—Mira, Pepe, si hay algo que nos ha dado vueltas en la cabeza por años es **esa lucha entre encontrarle sentido a la vida o caer en la idea de que nada importa**, como si todo fuera pura casualidad y diera igual lo que hagamos. Hoy estamos rodeados de ideas que nos jalan en ambas direcciones, ¿verdad?

—Sí, y lo observamos en todas partes. **Las personas oscilan entre llevar una vida con objetivo o caer en el conocido «todo es relativo»**. Por un lado, parece que requerimos de algo más grande que proporcione significado a nuestras acciones, pero por otro, nos topamos con esa percepción de que **nada es verdaderamente importante, como si solo vivir cotidianamente fuera suficiente**. Es el conocido nihilismo, que te insinúa que la vida carece de un propósito profundo y que nada posee un valor inalterable.

—Exactamente. Y cuando esa idea se empieza a colar en nuestra manera de pensar y vivir, **te das cuenta de que el nihilismo no es solo filosofía, ¡es una forma de vida!** Si te dejas llevar por esa idea, acabas viendo la vida como una serie de momentos sin conexión, como si fuera un rompecabezas al que le faltan piezas.

—Sí, y luego está todo ese relativismo que escuchamos a cada rato: «cada uno tiene su verdad» o «cada uno busca su felicidad a su manera». Suena liberador, pero si lo piensas, es como un camino sin rumbo. Y cuando llega el momento de tomar decisiones importantes, si todo es relativo, **si nada tiene peso, terminas sintiéndote perdido**. Como si te soltaran en medio del mar sin brújula.

—Así es. Y lo curioso es que tanto relativismo nos ha llevado a obsesionarnos con ser felices a toda costa. **Es como si la única meta fuera «ser feliz», pero, entre tú y yo, sabemos que no es tan simple**. La felicidad no se consigue solo buscando comodidad. En realidad, aquellos individuos que descubren un objetivo, algo que va más allá de sus propias habilidades, son los que mejor manejan los momentos difíciles.

—Claro, Raúl, es que tener un propósito es como tener un ancla. Cuando tienes algo más grande que te guía, no te sacude cualquier problema que aparezca. **En cambio, si solo persigues la felicidad como meta, te das cuenta de que, mientras más la buscas, más se te escapa**. Es como una trampa: lo fácil y lo inmediato siempre parecen tentadores, pero cuando vives solo en el momento, cualquier obstáculo te tira al piso sin avisarte.

—Y ahí es donde entra la importancia de los valores y el propósito. **Necesitamos un «norte» que nos guíe, porque si vivimos en un mundo donde todo es relativo, se nos va el sentido de todo**. Nos quedamos flotando, atrapados en momentos desconectados, y esa «libertad absoluta» de hacer lo que queramos termina siendo una trampa.

—Exacto. Esa presunta libertad sin objetivo nos deja desbordados. **Porque, si nada tiene verdadero valor, ¿por qué esforzarse?** No es incorrecto ser libre, pero una libertad carente de valores u objetivos nos acaba aislando, privándonos de algo esencial: orientación, algo que nos proporcione estabilidad.

—Sí, y fíjate, **la solución no es rechazar la libertad; al contrario, es usarla para algo que tenga sentido.** No es «libertad para hacer cualquier cosa», sino libertad para elegir un camino que realmente importe, algo que le dé profundidad a la vida. **Cuando lo encontramos, cada acción, cada paso cobra sentido, y ya no es solo «hacer por hacer».**

—Exacto, Raúl. Al llevar una vida con propósito, conectados con algo más amplio, percibimos que nuestras elecciones poseen un peso y nuestras acciones tienen un impacto. Todo adquiere un nuevo matiz. **Ya no se trata de vivir de manera efímera, sino de construir algo que te inunde de auténtica alegría.**

—Una vida con objetivo no es meramente un concepto hermoso o abstracto. Es lo que nos facilita gestionar esa ansiedad que todos sufrimos en ocasiones. **No tienes que encontrar una «verdad absoluta», pero sí comprometerte con algo que te guíe, que le dé forma a**

tus decisiones y te haga sentir que, de alguna forma, lo que haces tiene sentido.

—Así es. Vivir con propósito es como ponerle cimientos a tu vida. Te brinda la oportunidad de vencer esa noción de que nada es importante y te brinda la libertad de vivir con el propósito de buscar algo que verdaderamente te llene. **No se trata de normas o limitaciones, sino de seleccionar una trayectoria que le proporcione significado a cada jornada.** Así, finalmente encontramos nuestro rumbo en este mundo.

36 La naturaleza humana ante la incertidumbre

—Mira, **cada vez que el mundo se mueve un poco, se percibe de manera evidente nuestra reacción**. Las crisis nos arrancan tanto lo mejor como lo más dañino. Únicamente recuerda el inicio de la pandemia; ¡todos nos volvimos locos con el papel de higiene! ¿Te acuerdas? Era como si eso fuera lo único que nos iba a salvar.

—¡Cómo olvidarlo! Parecía una locura total. Y no es solo cuestión de ser «precavidos» o «imprudentes». Cuando nos da miedo o estamos perdidos, buscamos cualquier seguridad inmediata, aunque no tenga mucho sentido. **En ocasiones, el temor nos motiva a adoptar acciones que en otra circunstancia no adoptaríamos**. No obstante, ¿quién no ha vivido eso? Somos personas, y el instinto de defensa se expresa sin reservas.

—Precisamente. Y en ese punto es donde debemos aprender a gestionar esas emociones, ya que **si permitimos que el pánico nos domine, acabamos eligiendo tomar decisiones que no conducen a nada positivo**. Lo difícil es que, en situaciones de presión, no resulta tan sencillo parar, respirar y razonar con claridad. En ese instante, el cerebro reptiliano se activa y, ¡ay!, nos encontramos en un estado de supervivencia absoluta, preparados para huir o luchar.

—Eso es cierto, **pero la clave reside en aprender a silenciar ese «impulso primitivo»**, como lo denominan. No se trata de impedir que sintamos ninguna emoción, **sino de aprender a no ser completamente dominados por esos impulsos**. Es comparable a formar la mente para tomar un descanso antes de responder, para dar un respiro y tomar una decisión de manera serena. No es fácil, pero esos descansos lo transforman todo. Y en medio del desorden, ¡cómo nos necesitan!

—Tal cual. Y aunque suene raro, esos momentos de caos pueden ayudarnos a conocernos mejor. Nos ponen a prueba, pero también nos permiten ver hasta dónde hemos trabajado ese equilibrio interno. **En ocasiones, el caos actúa como entrenamiento: nos proporciona un peso adicional para potenciar la energía que poseemos en nuestro interior**. Por lo tanto, cada vez que mantenemos un nivel más de tranquilidad en el último instante, se asemeja a que fortalecemos nuestro músculo emocional, ¿verdad?

—Por supuesto, **y es en esa fase donde el mindfulness tiene un rol crucial**, ¿verdad? Esto conlleva aprender a reconocer nuestras respuestas sin renunciar a la primera emoción que se presenta. **Es como si presenciáramos la tormenta y, en vez de ahogarnos en temor, nos damos cuenta de que podemos determinar nuestra respuesta**. Decirnos: «bueno, siento temor, pero no actuaré únicamente por el temor». Es una modificación mínima, pero genera toda la diferencia.

—Así es. Porque la prueba real no es mantener la calma cuando todo está tranquilo, sino cuando parece que todo se está cayendo a pedazos. Ahí es donde realmente se mide el carácter. **Durante las situaciones de crisis, no es tanto necesario comprender cada detalle, sino determinar cómo deseamos responder, incluso si no tenemos ni idea de cómo va a acabar.**

—Justo. **El autocontrol es como un músculo**. No lo ejercitamos solo para cuando la vida va bien, sino porque sabemos que tenemos la responsabilidad de ser mejores, en lo bueno y en lo malo. No es cuestión de «si me sirve» o «si tengo ganas», es un compromiso con lo que queremos ser, pase lo que pase.

—Totalmente. Porque en esos momentos es cuando se muestra lo que somos de verdad. **No solo la lógica o lo que hemos aprendido, sino ese autocontrol que hemos trabajado.** En el caos, lo que verdaderamente poseemos emerge a la luz. Y si conseguimos conservar la tranquilidad, aunque sea por un momento, es debido a que hemos realizado el trabajo interno. **Las crisis funcionan como un reflejo que nos revela lo que poseemos en nuestro interior.**

37 La crisis como oportunidad para el crecimiento personal.

—Ante todo lo que está sucediendo, he comprendido algo: **las crisis, a pesar de que nos impactan duramente, también nos brindan una oportunidad**. Nos fuerzan a disminuir el ritmo y a apreciar lo que poseemos aquí, en nuestro hogar. ¿No lo ves de esta manera?

—En efecto, es como si la vida nos estuviera diciendo: «regresa a lo que verdaderamente vale la pena». Finalmente, el hogar no se restringe a cuatro paredes; **es el lugar en el que puedes rejuvenecerte y redescubrir lo esencial**. Es ese sitio donde, en vez de buscar distracciones al aire libre, descubres serenidad y puedes enfocarte en lo que realmente es relevante. **Esta interrupción nos recuerda qué es lo verdaderamente relevante**, ¿no?

—Claro. ¿Cuándo fue el último momento en el que realmente apreciamos estar en nuestras casas? Nos la pasamos de arriba para abajo, con mil cosas pendientes, **y el refugio verdadero siempre ha estado aquí, en lo cotidiano, en lo simple**. Esta pausa nos ha hecho recordar algo que teníamos olvidado: el valor de estar presentes con los nuestros.

—Así es. Ahora el hogar no es solo el lugar donde dormimos o comemos rápido entre una cosa y otra, sino el escenario donde podemos ser nosotros mismos. Aquí no hay aplausos, no hay «me gusta»; somos solo nosotros con quienes de verdad queremos. **En el hogar fomentamos la paciencia, el cariño y también nos confrontamos con nuestras propias tácticas**. Aquí es donde realmente nos desarrollamos.

—¿Y sabes qué? Esta época nos está evidenciando que no necesitamos de grandes eventos ni festejos para sentir nuestra existencia. Observa: **a veces son los momentos más simples los que nos descubren lo que realmente tiene relevancia**. Por lo tanto, considero que este es el instante ideal para transformar nuestras viviendas en un santuario de tranquilidad, en un sitio donde cada día sea una ocasión para vincularse y desarrollarse.

—Justamente, ya que **la verdadera tranquilidad no se basa en que el mundo exterior sea perfecto, sino en cómo decidimos responder ante lo que sucede**. Podemos permitir la ansiedad o buscar esa tranquilidad que nos permite tener un pensamiento claro y mejorar con aquellos que tenemos cerca. **La calma nos da la energía para cuidar de los demás sin agotarnos en el intento**.

—Claro, porque la ansiedad solo nos consume. En cambio, si buscamos la paz aquí, en nuestra propia casa, es como si recargáramos las pilas. Nos volvemos más fuertes, más centrados, y eso nos prepara para lo que sea que venga.

Esa serenidad empieza en lo más simple: dejar de preocuparnos tanto por lo que opinen los demás y enfocarnos en lo que de verdad importa.

—Es dejar ir el «qué dirán», el aparentar, el competir. Este periodo en el hogar nos hace conscientes de que **la felicidad no reside en lo que logramos en el exterior, sino en la forma en que nos encontramos aquí, con nosotros mismos y con los demás**. Cuando dejamos de buscar comparaciones y aprobaciones externas, obtenemos tranquilidad. Y esa tranquilidad es la que nos proporciona una gran potencia.

—Claro. **Esta es una libertad que no está sujeta a lo que ocurre en el entorno exterior**. Es una paz que poseemos en nuestro interior, algo que no podemos obtener ni se desvanece dependiendo de las situaciones. **La historia está llena de personas que, incluso en las circunstancias más adversas, consiguieron conservar su tranquilidad y su felicidad**. Nos instruyen que no es imprescindible esperar a que todo esté en orden para hallar tranquilidad.

—Eso es lo hermoso de esta época en casa. Nos brinda la posibilidad de tener presente que, **a pesar de no poder dominar todo, sí podemos esforzarnos en esa paz y esa fortaleza interna**. Y cuando todo se calme en el exterior, podremos emerger con mayor fortaleza, con una vivienda que no solo sea un santuario, sino un lugar de desarrollo y auténtico vínculo.

—Por supuesto, Raúl. Estas crisis nos están enseñando una valiosa enseñanza: el valor de lo simple, de lo que tenemos a nuestro lado, y el placer que nace aquí, en nuestro hogar, en esa paz que construimos en nuestros corazones y compartimos con aquellos a quienes más queremos.

Epílogo: el camino continúa

—**Mira, Raúl,** *El Camino Interior: más allá del Ego* **no es solo un libro de esos para leer y olvidar.** Es como el punto de partida de una trilogía diseñada para acompañarte en un viaje bien profundo. **Aquí se trata de empezar a entender qué te está limitando, cómo el ego se mete en el medio y, sobre todo, de arrancar un proceso de transformación personal y espiritual que es para toda la vida.**

—**O sea que este libro no se queda solo en filosofar, ¿verdad?** Ya comprendo que esto trasciende las palabras. **¿Y qué sucede después de este inicio?**

—**Precisamente, tras este primer libro se presenta el segundo:** *Metamorfosis interior: un viaje hacia el crecimiento personal.* Y es en este punto donde se vuelve fascinante, ya que ya no se limita a la teoría; este segundo libro se adentra profundamente en cómo hacer que todo lo que has aprendido tenga un efecto real en tu vida diaria. **Es como llevar la filosofía y la espiritualidad al día a día. Te da herramientas para que todo lo que entendiste en el primero lo puedas integrar, ponerlo en práctica, vaya.**

—**Eso suena como tener una guía paso a paso, ¿no?** Porque entender está muy bien, pero llevarlo a la práctica es lo que cuesta. **¿Y luego qué sigue?**

—**Pues, el cierre de esta trilogía es un libro que se llama** *Curso práctico de metamorfosis interior.* Aquí ya no estamos hablando solo de leer o reflexionar, sino de ponerse manos a la obra. **Son talleres, actividades, elementos que te permiten implementar todo lo que has leído en los otros dos libros de manera directa en tu vida.** Es para que empieces a ver cambios reales y sostenidos, para que esa transformación no sea solo algo que entiendes, sino algo que vives cada día.

»**Mira, Raúl, estos libros son como un mapa para recorrer un viaje completo, ¿no te parece?** Empiezas por identificar qué es lo que te está frenando, lo que te hace tropezar, y de ahí pasas a cambiar tu rutina, tu día a día, pero de verdad, con cosas concretas. **No solo reflexionando y leyendo, sino realizando la vida cotidiana.**

»**Y lo más fascinante es que este viaje carece de un término establecido.** Cada progreso mínimo que realices, cada instante de introspección, cada medida que adoptes, te aproxima un poco más, te impulsa a progresar. **Es el propósito de esta trilogía: asistirte en la búsqueda de una vida más genuina, más vinculada contigo mismo y con lo que verdaderamente significa.** Es más que un libro; es un llamado a crecer de manera constante, a transformarlo en una forma de vida.

—**Pues sí que suena como un camino que vale la pena recorrer.**

«Que el Creador, fuente de toda la vida y sabiduría, te otorgue la fuerza para superar los desafíos, la humildad para escuchar tu verdad más profunda y el coraje para vivir con autenticidad. Que encuentres paz en tu camino y propósito en cada paso que des.»

Bibliografía

Angwin, J. J. (2016). Machine Bias: There's Software Used Across the Country to Predict Future Criminals. And It's Biased Against Blacks. ProPublica, https://www.propublica.org.

Bandura, A. (1977). Teoría del Aprendizaje Social. Prentice Hall.

Bertrand, M. a. (2004). Are Emily and Greg More Employable than Lakisha and Jamal? A Field Experiment on Labor Market Discrimination. American Economic Review, vol. 94, no. 4, 2004, pp. 991–1013.

Bostrom, N. (2014). Superintelligence: Paths, Dangers, Strategies. Oxford University Press.

Duhigg, C. (2012). El poder de los hábitos: Por qué hacemos lo que hacemos en la vida y en el trabajo. Barcelona: Editorial Urano.

Frankl, V. (1946). El hombre en busca de sentido. Herder Verlag.

Goleman, D. (1996). Inteligencia Emocional: Por qué es más importante que el cociente intelectual. Editorial Kairós.

Harari, Y. N. (2017). Homo Deus: A Brief History of Tomorrow. Harper.

Kabat-Zinn, J. (2005). Vivir con Plenitud las Crisis: Cómo Utilizar la Sabiduría del Cuerpo y la Mente para Afrontar el Estrés, el Dolor y la Enfermedad. Editorial Kairós.

Kurzweil, R. (2005). The Singularity Is Near: When Humans Transcend Biology. Penguin Books.

McKinsey, G. I. (December 2017). Jobs Lost, Jobs Gained: Workforce Transitions in a Time of Automation. https://www.mckinsey.com.

Pennebaker, J. W. (2015). Escritura para sanar: Descubre el poder curativo de escribir sobre tus emociones. Barcelona: Ediciones Urano.

Sartre, J.-P. (1943). El Ser y la Nada: Ensayo de Ontología Fenomenológica. Editorial Losada.

Seligman, M. (2011). La Vida Que Florece: Una Nueva Comprensión Científica de la Felicidad y el Bienestar. Editorial Paidós.